Tiziana Mattera * Het Elfenorakel

Tiziana Mattera

HET
ELFEN-ORAKEL

Tuatha na Sidhe

De geschenken van het tovervolkje

Koppenhol Uitgeverij BV Hilversum

Koppenhol Uitgeverij B.V., Hilversum

Titel van de oorspronkelijke Italiaanse uitgave:
Le Carte Degli Elfi
© Tekst en Illustraties: Tiziana Mattera
Edizioni Il Punto d'Incontro s.a.s.
Via Zamenhof 441 * 1-36100 Vicenza

© 2002, van de Nederlandse uitgave:
Koppenhol Uitgeverij B.V.
Nederlandse vertaling: Marian Lohman

ISBN 90 73140 78 1

INHOUD

VOORWOORD	8
ELFEN	19
1. Whoever	21
2. Gipfel	24
3. Swan	27
4. Sansonnet	31
5. Baum	33
6. Heron	36
7. Kleid	39
8. Tiyoweh	42
9. Owl	46
10. Nightingale	49
FEEEN	53
11. Abloom	55
12. Silesia	58
13. Leafy	61
14. Santal	64
15. Whiffle	67
16. Lilly	70
17. Wicket	74
18. Wistaire	77
19. Stream	80
20. Hindin	83
21. Blume	86
22. Serene	89
23. Twinkle	92
24. Seaweed	95
25. Lazuli	25
26. Whisper	101

KOBOLDEN	105
27. Willy-Nilly	107
28. Wide Awake	110
29. Wimble	113
30. Forelock	116
31. Allow	119
32. Tiegel	122
33. Jacques Sourire	125
34. Gürtel	129
35. Grumbel-Barry	132
36. Stow	136
37. Crony	139
38. Toddler	142
39. Wink	145
40. Wizen	148
41. Yore	152
42. Spindle-Shanks	155
43. Spillikin	158
44. Pilgrim	161
45. Jack-Roofing-Tile	164
46. Vogelfink	167
47. Jabber-Uncle	171
48. Lady Lobelie	174
49. Erdbeer	178
50. Lust	181
51. Hiccup	184
52. Cobbler	187
53. Vogelfrei	190
54. Zettelankleber	193
55. Wit	196
EEN BIJZONDERE ONTMOETING	199

OPDRACHT

Aan mijn ouders Gianni en Anna Maria,
Mijn zusters Adriana en Francesca
En mijn dochter Manuela,
die mij geleerd hebben,
het wonder van "de kleine dingen" te erkennen,
van waaruit ons de waarheid van de onvoorwaardelijke liefde toelacht.
De empathische en liefdevolle kunst van die "kleine dingen"
is een licht dat onophoudelijk mijn pad verlicht.

VOORWOORD

Op een dag, ik was ongeveer vier of vijf jaar oud, ging ik naar mijn moeder en vroeg haar of zij iets voor mij te doen had, omdat ik mij "verveelde". Ik kan me nog goed herinneren, hoe mijn moeder me bij de hand pakte en meenam naar het raam, terwijl ze me zei dat ik heel goed naar buiten moest kijken. Toen vroeg ze me, of wat ik op dat moment zag helemaal hetzelfde was als wat ik de vorige dag had gezien. Nadat ik haar antwoord had gegeven, zei ze simpelweg dat ik, als ik zou leren kijken, me nooit meer zou kunnen vervelen.

Dat was een duidelijke les voor mij. Voor mijn ziel heeft zich toen een deur naar de wereld geopend, die nooit meer dicht zou gaan. Hoewel het moeilijk te bewijzen was, begon ik van toen af steeds intensiever een binding te ervaren met de wereld van de natuur, en de stemmen daarvan. Ook, zij het onbewust, begon ik in alles God te zoeken, die ik zou leren ontmoeten, herkennen, en via zijn schepping liefhebben. Dit ging in mijn leven met veel twijfel gepaard, maar ik had nooit moeite om te geloven, dat alles wat mij omgaf, levend was. Het leven dat mijn kinederlijk instinct me liet voelen en bespeuren was fantastisch, vibrerend, machtig en vol vreugde, ondanks de duizenden moeilijkheden waar ik mee te kampen had, probeerde ik te leren om met de werkelijkheid van de menselijke natuur een verbinding te krijgen. De geest van een kind is vrij van de structuren van de rationele logica, waarin het vermogen om de wereld waar te nemen, in definities wordt vastgelegd. Het kind kan met de wereld op eenvoudige en heel natuurlijke wijze in verbinding komen.

Ik heb me vaak afgevraagd of de zogenaamde animistische ontwikkelingsfase van een mens, die met de eerste levensjaren samenvalt, niet veeleer de fase is, waarin de menseziel spontaan in contact komt met de wereldziel, in plaats van dat dat de fase zou zijn, die hem slechts in verbinding brengt met de collectieve, genetische, primitieve herinnering van de mensheid. Er was een tijd waarin de mens zo diep met de natuur was verbonden, dat hij toegang kreeg tot werkelijkheden, die voor de jachtige, onopmerkzame en egocentrische blik van de tegenwoordige mens verborgen blijven. Het contact met de natuur bestond uit een diepe erkenning en waarneming van haar verschijningsvormen, welke laatste vaak als verwijzingen werden opgevat. Er was een taal waarin de krachten van de natuur met het menselijk wezen communiceerden. De mens benaderde deze wereld met een diep respect. Hij ervoer haar als een integraal onderdeel van zijn eigen bestaan en als een voorwaarde voor het overleven.

Uit voorbije beschavingen zijn getuigenissen overgeleverd van hun religieuze overtuigingen. Hierin is de zichtbare wereld nauw verbonden met de onzichtbare, spirituele wereld. De natuur staat niet los van de ziel van de mens, en de materie staat niet tegenover de geest. De volkeren, die Europa in de grijze oudheid bewoonden, hebben ons geheimzinnige tekenen van hun cultuur nagelaten. Vandaag de dag maken die ons weer nieuwsgierig, omdat wij de behoefte voelen groeien, om een diepere spiritualiteit te hervinden, die ons weer bij een, misschien minder wetenschappelijke, maar eerder een poëtische en magische kant van het leven brengt en ons in een nieuw tijdperk kan voeren, waarin we onze verbinding met de hemel opnieuw moeten ontdekken.

In de cultuur van de volkeren, die een groot deel van de voor-romeinse en voorchristelijke beschaving opbouwden, en die wij kennen onder de naam Kelten, ontdekken we in onze tijd weer het "zaad" van een spirituele en culturele traditie, die veel dichter staat bij de gedachtewereld van de mensen op de drempel van het nieuwe millennium.

Uit de nevel, die hem lang verborgen heeft gehouden, komt momenteel weer de mens tevoorschijn, die zich in zijn wezen ten diepste verbonden voelt met de natuur van het universum, de mens wiens ziel in harmonie meetrilt met de wereldziel. Maar hij voelt vooral overal in het rijk van de Grote Godin of van Moeder Aarde de manifestatie van het goddelijke. Het was de stem van het goddelijke die te horen was in het geritsel van de bladeren, die gezien werd in de vlammende zonsondergang, in het woeden van de storm, het ruisen van de waterval en ook in de grashalm, die boog onder het gewicht van de regendruppels. Men ging er van uit, dat de goddelijke vonk in geen enkel aspect van de schepping ontbrak. Zo werd alles ervaren, en overeenkomstig gerespecteerd. Wat de mens in de natuur gewaar werd was het fijnstoffelijke, het Eerste Wezen, dat zijn adem onophoudelijk over de schepping blies, en de wezens van licht of de goden, die waken over de verwerkelijking en de zorg voor die schepping, die ook de goddelijke liefde op aarde hebben gebracht. De mens voelde zich hiervan niet gescheiden, maar juist een deel van die manifestatie en viering. Van daaruit kon hij bewust in harmonische samenwerking leven met deze krachten, terwijl wij die bovennatuurlijk zouden noemen (omdat wij ze ervaren als aan de andere zijde van de natuur). Zo krijgt het menselijk bestaan de waarde van het sacrale, religie wordt een modus vivendi, die zich niet verliest in de schijnbaar noodzakelijke dagelijkse beslommeringen, maar waar we integendeel de kracht uit putten om al die waarden tot uitdrukking te brengen, die de mens kan herkennen, erkennen en zich kan eigen maken. De geschiedenis toont ons hoe later andere godsdiensten hun plaats veroverden, en de waarde van dit kostbare volksgeloof kleineerden, zodat de goden verbannen werden, en als duistere, demonische machten gevreesd waren.

Zo verloren de mensen het "recht" steeds met de wereldziel en de Heer van het Licht te spreken, die intussen het land van de mensen verlaten had en zich had teruggetrokken in het rijk van "Sidhe". Tuatha na Sidhe betekent letterlijk: "Mensen van de Lichtwereld". Sidhe is de "betoverde berg", het "buitenaardse rijk" van de Keltische spirituele traditie. De plaats waar de oude goden en de wezens van licht zich ophouden, die ons door de eeuwen heen zijn overgeleverd als feeën, elfen, kobolden, dwergen, luchtgeesten, salamanders, dryaden, nixen, enzovoort.

Deze namen, die door sprookjes en volksverhalen zo bekend geworden zijn, behoren bij het toverachtige volk van de goden, dat als het ware gedwongen werd in Sidhe te leven, en de toegang tot hun wereld met "poorten" te sluiten. Deze waren verborgen in grotten, heuvels, bomen, watervallen, zeeën, bronnen en heilige plaatsen. Zij konden zich alleen op bijzondere tijden van het jaar en momenten van de dag openen, om contact tussen onze beide werelden mogelijk te maken.

Het ligt in de traditie van de natuurgeesten, ook al is het onder andere aspecten en andere namen, om overal culturen uit het verleden te herkennen, die zelf in contact gekomen waren met het transcendentale aspect van de natuur. Dit kan gebeuren door sjamanistische methoden, die de noodzaak erkennen van samenwerking met de wijsheden van plaatsen en elementen (zoals bijvoorbeeld bij de natuurvolken van Amerika, of in de cultuur van de oerbewoners van Australië, Afrika en het Amazonegebied), het kan ook gebeuren via de talloze legenden. Net als andere landen, zijn ook Duitsland en Italië daar rijk aan. In hun verschijningsvorm als populaire kobolden zien de natuurgeesten er meestal uit als brutale, wraakzuchtige, of minstens als wispelturige en zwervende wezens.

Door de invloed, die uitging van de binnendringende culturen en religies op de toenmalige Europese cultuur, werd de visie van de wezens, die de krachten van de natuur onderhouden en in evenwicht houden, meer en meer vervormd, waarbij iedere vorm van spiritualiteit, die afweek van de nieuwe officiële godsdienst, zwart werd gemaakt. Hun vorm en betekenis verdwenen in het duister. En tenslotte kwam het tot een ware vervolgingswaan, die overal heksen en duivelse monsters zag. In de overlevering van boeren en mensen op het platteland echter bleef een herinnering bewaard aan de oorspronkelijke spiritualiteit, ook al was dat anders en minder duidelijk. Men treft het aan in de volkslegenden, de verhalen over bepaalde plaatsen en mysterieuze persoonlijkheden. Als we aan feeën, dwergen of kobolden denken, verplaatsen we ons onmiddellijk terug naar toen we nog een kind waren, toen we in sprookjes de vruchtbare basis van onze fantasie konden beleven.

Mijn moeder is altijd een geweldige verhalenvertelster geweest. Als zij sprookjes vertelde, deed zij dat met veel talent en met een prachtige stem. Zij kon ze heel levendig en spannend vertellen. Ik zag voor mijn ogen verre, onbekende landschappen en personen, die werkelijkheid werden. Zij kregen vanaf dat ogenblik een eigen leven, en werden onverwacht de hoofdpersonen van de heldhaftige verhalen uit mijn fantasiewereld.

Ik heb een "betoverende" jeugd gehad, waarin ik onbewust op zoek was naar de "draad" van iets, die gebroken was, en die ik door die wonderbaarlijke verhalen als mysterie in mijn omgeving kon waarnemen. In die verhalen bespeurde ik verborgen betekenissen, zoals verwijzingen en symbolen, waar mijn ziel naar verlangde, om daardoor de goede weg weer te kunnen vinden. De symbolen die liggen besloten in fabels, maar vooral in legenden, zijn als het ware sleutels, die in onze geest een oude herinnering proberen wakker te roepen. Het is waarschijnlijk geen toeval, dat de totale sprookjeswereld zich heden ten dage bijna uitsluitend tot kinderen richt. Misschien zijn op deze manier ooit de heilige waarden van voorbije tijden overgeleverd, met de bedoeling dat ze niet volledig in de vergetelheid zouden raken, en de hoop bleef bestaan ze eenmaal terug te vinden en te verstaan, om ze dan weer te kunnen integreren in het nu van onze historische werkelijkheid.

Waarschijnlijk zijn het kinderen, die uitgekozen worden als onbewuste dragers van dit weten, zodat dat niet verloren raakt in de warboel van een werkelijkheid, die de mensheid met grote snelheid naar geheel andere mythen dreef.

Voor de volwassenen blijft de fabel slechts een nostalgische herinnering aan hun jeugd, of datgene wat zij stiekem in hun leven wensen, namelijk ieder probleem op een magische wijze kunnen oplossen.

Tegenwoordig echter bestaat magie waarschijnlijk daarin, dat wij de dingen om ons heen opnieuw ontdekken, dat wij die andere wezens weer ontmoeten doordat wij opnieuw contact met hen maken. Zodoende zullen wij dat diepe gevoel voor communicatie terug kunnen vinden, dat ons zoveel meer mogelijkheden geeft, ons bewustzijn op een hoger plan brengt en ons innerlijk herkennen verdiept, zodat wij tot een grote en oprechter wederzijds begrijpen kunnen komen. We kunnen onze ogen "filters" laten zijn, waardoor ons hart kijkt en ziet. In metaforische zin kunnen wij weer "primitieve mensen" worden, om de vonk van het allereerste vuur te hervinden - de oversteekplaats die ons weer tot ons ware zelf brengt, de "poort der waarneming" die over onze zintuigen heen naar de fijnere zintuigen van de ziel voert, en ook om de logica van het verstand met de waarheid van het hart te verenigen en de eenvoud, zelfs primitiviteit terug te vinden die wij als kind hadden. Het gaat er niet om naar het verloren paradijs van onze jeugd terug te keren en ons te verliezen in sprookjesfantasieën, het gaat er veeleer om onze fantasie te gebruiken als transportmiddel voor de "reis", om de schommelbeweging terug te vinden tussen spontaniteit, zuiverheid en eerlijkheid, die uit het hart komt en die ons de mogelijkheid geeft om weer in harmonie te komen met de muziek van de natuur. Deze natuur wordt niet alleen maar gezien als een optelsom van wat er om ons heen is, maar als een stroom van energie, die ons doordringt en waarvan wij deel uitmaken. De harmonie waarmee wij ons zo kunnen verbinden zal het ons mogelijk maken echte liefde voor onszelf te ontwikkelen en van daaruit echt in contact te treden met anderen. Tegelijkertijd worden wij ons bewust dat niet alleen wij maar dat niemand is uitgesloten van de stroom van de goddelijke schepping. De planeet waarop wij leven - we kunnen ook zeggen, waarmee wij in het universum leven - probeert vertwijfeld met ons in gesprek te komen, ons op andere gedachten te brengen dan de gedachten waarmee we gewoonlijk ons bestaan vormgeven, dus ook de manier waarop we het leven en alle dingen waarnemen.

Het overstijgen van de normale werkelijkheid, dat wil zeggen van de verschijningsvorm, betekent dat we de magie van het leven hervinden, en daardoor onze ziel weer bereiken en het leven kunnen zien vanuit een ander gezichtspunt. Als we een hogere mate van opmerkzaamheid ontwikkelen tegenover de wereld die ons omringt, zullen onze zintuigen weer kunnen ontwaken die het goddelijke herkennen, dat in onszelf en in alle dingen om ons heen leeft. De Geest die in dezelfde mate elk atoom in het universum doordringt, tot in de kleinste, voor ons onzichtbare, essentie. Alleen zo kunnen wij in contact treden met de werkelijkheid, en met een hernieuwde gevoeligheid de behoeften van anderen gewaarworden. In wezen is het leven zelf magie, of het wordt het op het moment waarop wij de "geheimzinnige alchemie" erkennen, die alles volmaakt maakt, die tot harmonie voert, en die ons in het Een opneemt, als cellen in een lichaam; de juiste combinatie waaruit het volmaakte element ontstaat, het goud dat men tevergeefs gezocht had in de smeltkroes van het verleden. Ieder van ons die zijn of haar eigen individualiteit accepteert (wat niet betekent dat men afgescheiden is van de rest van de wereld), kan de eigen talenten ontdekken, en die in uitwisseling met andere individualiteiten aanbieden, net zoals iedere cel met alle andere samenwerkt voor het welzijn van het eigen organisme, ook als zij zich van elkaar onderscheiden.

Waarschijnlijk is het ook magie in anderen een gelijke waarde te erkennen in de compositie van het goddelijke opus en vandaaruit de relatie met het goddelijke beter te begrijpen door een diepere ontmoeting met zijn schepping - met de aarde, de natuur en de engelen ofwel toverwezens, die achter onze normale zintuigen in afwachting zijn dat onze visie zich verbreedt, om dan met ons in contact te komen.

Tegenwoordig is het gelukkig niet meer zo "angstaanjagend" of een teken van "pure waanzin", als men het heeft over deva's of engelen, natuurgeesten en dergelijke. De graad van bewustzijn van de mensen verandert tegelijk met de transformatie van sociale en religieuze waarden. De symbolen die eerder verborgen waren onder het stof van de geschiedenis beginnen opnieuw op te lichten, zij vinden weer aansluiting bij de "oneindige verbondenheid", en brengen zo de stemmen van de oude culturen weer terug. Onder deze stemmen is het lachen en het gezang te horen van de goden, de engelen van de natuur, de broeders van het licht en de betoverende wezens, het gezang van "Tuatha na Sidhe", die door de scheidende sluier heendringt om ons een beker licht aan te reiken, waaruit we hoop kunnen drinken, vreugde, eenvoud, de brandende wens om te weten, waarheid, moed, en vooral liefde en harmonie.

In onze tijd opent de visie op de werkelijkheid zich naar een nieuw niveau, en dit brengt ons ertoe alles opnieuw te overdenken, wat een deel van die werkelijkheid is. Het gaat erom de basisprincipes van het leven opnieuw te ordenen en te erkennen, het heilige tempelvuur opnieuw te ontsteken, iedere vonk die diep in onszelf daarop wacht, en de eenheid met de hemel terug te vinden. Lief te hebben wat we zijn en doen, de hartslag te horen van ieder creatuur, en onszelf weer aan te leren de ontelbare nuanceringen waar te nemen, die het leven kleur geven, en vooral dat nooit gewoon te gaan vinden.

We zouden een zonsondergang, een zonsopgang, het opkomen van de maan aan de hemel, en zijn steeds terugkerende cyclus nooit zomaar klakkeloos moeten accepteren; we zouden er nooit aan moeten wennen dat hij, terwijl we hem gadeslaan, tot een lichtende geheimzinnige bol aan de nachtelijke hemel wordt, vol magie, terwijl de toverwezens van Sidhe in zijn zilveren stralen dansen en zingen. Door de fijne nevel heen die onze werelden scheidt is vandaag de dag opnieuw de stem van die geesten van licht te horen. Die dringt heel discreet door tot het oor van mensen, die hun gevoeligheid hebben herontdekt, die weer op hun waarnemingen en intuïtie durven vertrouwen, en daarmee hun recht hebben teruggevonden om te geloven in de heiligheid van het leven. De geschenken die het tovervolk voor ons meebrengt zijn de vrucht van een grote liefde voor het leven en voor Hem, die onophoudelijk door zijn schepping tot ons spreekt.

Elk van deze gaven zal dus een basis zijn om te mediteren over de "reis" van ons leven, in de wens dat de spiritualiteit alle zielen moge raken langs de wegen van de vreugde, het enthousiasme, de harmonie en de schoonheid, de wegen die zich voor ons ontvouwen, als het ons lukt de adem van het leven te voelen, die naar onze liefde verlangt.

-DE KAARTEN-

~✤~

Ons in de juiste stemming brengen is net zoiets als het scheppen van een bepaalde sfeer voor een gewaardeerde gast. Zo bekommeren we ons bijvoorbeeld over hoe de plek er uit ziet waar we hem willen ontvangen, we verplaatsen kleinigheden en zetten die in het juiste licht, dat de atmosfeer aangenaam maakt, intiem en naar onze zin, zodat we ons er goed in voelen, en onze gast zich in deze omgeving kan ontspannen. We besteden ook aandacht aan hoe we er zelf uit zien, zetten misschien verse bloemen in een hoek, maken een lichtje aan, niet te fel, zetten de goede muziek op, die een aangename achtergrond is voor ons gesprek en die onopdringerig de momenten van zwijgen en stilte overbrugt.
Het gaat hier bij de te verwachten gast om ons innerlijke zelf.
Bereid voor je innerlijke zelf eenzelfde aangename sfeer, en vraag hem (je innerlijke zelf) even opmerkzaam en attent te zijn als hij zou zijn voor een dierbare en belangrijke gast. Je welkome gast zal binnenkomen, zich volkomen ontspannen en dan bereid zijn datgene in zich op te nemen wat, door de boodschap die jij hem voorleest tot zijn luisterend hart zal spreken. We zouden meer en meer moeten leren onze behoeften serieus te nemen en ze op maat te vervullen, vooral wanneer ze uit onze innerlijke waarheid komen, misschien met een beetje hulp van buitenaf, hulp waar ons hart voelt dat het goed is die aan te nemen.
Dat betekent dat wij leren onszelf aardig te vinden. Zoek dus voor jezelf een rustige plek en ga gemakkelijk zitten. Je zou misschien een kaars of een wierookstokje kunnen branden (dat hebben de lichtgeesten heel graag). Vul de ruimte met de klanken van muziek, die je fijn vindt en die je tot ontspanning brengt. Doe je ogen dicht, en adem

diep en rustig tot je merkt dat je bewustzijn ruimer wordt en geleidelijk aan de horizon van je denken vervaagt.

Nu ben je klaar om vragen te stellen en antwoorden daarop te kunnen onthouden. Vraag de lichtwezens om je te helpen, als zij de "vraag" lezen of de gemoedstoestand van je hart. Als je dan zover bent trek je een kaart en lees de bijbehorende boodschap in dit boek. Je kunt ook proberen om, voordat je de boodschap leest die bij de kaart hoort, de kaart met de figuur van de tekening goed te bekijken en je te laten leiden door je gevoel, om zo een speciale boodschap op te vangen die alleen voor jou geldt. Het fijne stemmetje dat tot je zal spreken, raakt je hart met een aangenaam gevoel van warmte en bereikt je geest met de bliksemsnelheid van de intuïtie. Hij kan je echter ook een symbool geven, een beeld, die het verwachte antwoord in zich besloten heeft. De antwoorden die wij op onze vragen krijgen zijn niet altijd de antwoorden die we willen horen. Het kan ook wel eens zijn dat we een antwoord krijgen dat niet bij de vraag lijkt te passen, of niets met ons te maken lijkt te hebben. Als onze vraag echter werkelijk uit een behoefte van ons hart komt, als we dus vrij zijn van behoefte aan erkenning en echt bereid zijn om te luisteren, dan zal het antwoord dat we krijgen het juiste voor ons zijn. Het is niet altijd gemakkelijk om naar ons hart te luisteren, maar we kunnen onszelf meer en meer "opvoeden" om zijn stem te kunnen onderscheiden tussen de duizenden andere, die uit ons denken komen. Ons hart kan de "subtiele" taal herkennen, de taal van de universele geest, en de lichtwezens spreken die taal tot ons hart.

-DE ELFEN-

-1-
WHOEVER

"Ik dwaal in de donkere storm,
ik dwaal tussen de stemmen van de wind,
die mij verschillende richtingen uit roept;
ik dwaal onder tranen,
die de regen met de mijne vermengt.
Ik dwaal in de zonnestraal,
Die mij in mijn kou verwarmt.
Ik dwaal in alle omstandigheden van het leven.
Ik dwaal, omdat jij bij mij bent."

BETEKENIS: De woordelijke betekenis van de naam 'Whoëver' is 'Wie dan ook'.
"Whoever" is het symbool van gelijkheid, zonder enig voortrekken of privilege. Voor iedereen staan alle mogelijkheden open, om zijn bestaan te verruimen, om zijn eigen wezenlijke deel te ontwikkelen, om zich met zijn eigen zelf te verbinden. Dit doel maakt ieder leven tot een vreugdefeest. In het zichtbaar geworden universum van de goddelijke schepping is er niets, dat niet door de stroom van de evolutie gegrepen is, hoe klein het ook lijkt.

HERKOMST: Whoever leeft met zijn elfenbroeders en -zusters in de lichtende kleuren van het in glinsterende watervallen neerstromende licht, dat zeeën en rivieren schept, veelkleurig en doorzichtig als het zuiverste water. En in deze lichtende wateren baden de elfen en zijn gelukkig. Vaak ook sluimeren ze in, terwijl ze op de zon wachten.

BOODSCHAP: "Een zonnestraal verschijnt, om ons te wekken. Hij baant zich een weg door de donkere wolken, en maakt een einde aan de zware regen, die een hevig onweer uit de hemel liet komen. Vonken regenboogkleurig licht dansen in de zonnestraal. Zij komen helemaal naar ons toe, om zich in een regendruppel te laten vangen, die dan helder en licht als een stukje zuivere diamant ons uit de vingers glipt en wegzweeft in de lucht, waarbij het als het ware een streep van stralend heldere kleuren aan de hemel achterlaat. Het is die wonderbaarlijke boog, die vaak na de regen verschijnt, en die de mensen regenboog noemen. Iedere kleur van de boog bergt een boodschap en een belofte voor alle harten in zich, die verdrietig en misleid zijn door het grauwe wolkendek. De harten van de mensen worden weer vol van hoop, hun geest vindt aan de achterkant van de wolken het stralen van de zon terug".

AANBEVELING:
"In de legenden van de mensen is sprake van een gouden pannetje, dat toverwezens aan de voet van de regenboog hebben verstopt. Deze beloning komt toe aan degene die kan bogen op het meeste geluk, verdienste en moed. Wie weet of deze schat ooit al eens gevonden is? Maar de

regenboog brengt echt een schat met zich mee: de gave van de hoop, die gebeden in ons hart wekken, en het verlangen om na de moeilijke beproeving de prijs te mogen ontvangen. Deze prijs bestaat uit de genade waarmee de vader zijn zoon zegent, wiens zuivere hart de twijfel achter zich laat, om "de zon achter de wolken" te zullen vinden. Zo ervaart hij dat hij nooit alleen geweest is.

Laat niet toe dat mislukkingen je ontmoedigen en dat de logica van het intellect altijd het laatste woord heeft. Laat de hoop je hart verwarmen. Alleen zo zul je de schoonheid van de kleuren kunnen bevatten en hun energie kunnen opnemen. In de uitwisseling van liefde zal je hart de hervonden vreugde op elke hoek van de aarde kunnen uitstralen, en het leven zijn kleur terug kunnen geven.

-2-
GIPFEL

"Ik heb mijn woorden toevertrouwd aan de armen van de wind.
Hij fluistert ze jou in het oor,
suist ondeugend om je heen,
en brengt ze tot in je hart,
terwijl hij met lichte vingers
de fijne draden van je haar in de war brengt".

BETEKENIS: De woordelijke betekenis van de naam Gipfel is *'Top'*.
Het hoogste punt dat wij kunnen bereiken als we een berg bestijgen, symboliseert de zin, het te bereiken doel. Daarboven wordt de horizon wijd, onze ogen kunnen hun blik laten dwalen over de schoonheid van de wereld, die zich tot in het eindeloze lijkt uit te strekken. Maar de top is ook het symbool van de afstand tot alle aardse inspanningen, de plek waar onze stem waarschijnlijk het eerst gehoor vindt.

HERKOMST: Van de blauwe toppen aan de andere kant van de oude aarde, die de mensen continenten hebben genoemd. "Gipfel" is de naam van een elf die in eenzame streken leeft, tussen bergtoppen van zulke hoogte, dat alleen de grote adelaars hen kunnen bezoeken. Vanaf deze ontoegankelijke hoogte luistert hij naar de verre stemmen van de menselijke wezens, die verweven met de fijne haren van de wind, hier boven aankomen.
De stemmen van de mensen brengen vaak hun verdrietige gevoelens van onzekerheid mee, van hun twijfel en de ongewisheid van hun wegen, terwijl ze in voortdurende competitie met anderen zijn.
Dan vertrouwt Gipfel zijn boodschap voor alle mensen op aarde toe aan de armen van de wind. En de wind brengt ze overal heen, tot in de verst verwijderde woestijn. Hij vliegt over oceanen en dalen, door nachten en dagen, totdat alle mensen de boodschap hebben gehoord.

BOODSCHAP: "Het is mijn taak je te helpen, als je aarzelenden besluiteloos op je weg bent, of in tweestrijd staat, als je in een voortdurende, vaak onbewuste competitie met anderen leeft.
Ieder levend wezen - tot het kleinste schepsel toe - is deel van een groot heerlijk orkest, waarin elk onderdeel op zichzelf belangrijk en noodzakelijk is. Daardoor kan er een harmonie ontstaan, waarin iedere klank volledig met de andere verbonden en verweven is, totdat alle gespeelde noten tot één fantastische klank versmelten.
Dit is de symfonie van het universum, die de grote Vader geschapen heeft. Zij leeft in ieder van ons, en wacht op het moment waarop wij begrijpen welke rol ons toekomt en welk instrument ons geschonken werd. Daarop kunnen we de zuiverste en prachtigste noten leren spelen".

AANBEVELING: "Het kan zijn dat je je verward voelt, omdat je je zo zeer met anderen vergelijkt, en misschien onbewust gelooft dat alles wat zij doen beter is dan wat jij doet.
Als dat zo is, doe dan eens een moment je ogen dicht, en wacht op het fluisteren van de wind. Herinner jezelf eraan dat je met een geschenk in je handen op aarde bent gekomen.
Je hoeft dit alleen maar te erkennen, en in bescheidenheid en dankbaarheid aannemen. Want het is de uitdrukking van jouw unieke, onherhaalbare eigenheid, dankzij welke je recht overeind kunt lopen en kunt bijdragen Gods plan te manifesteren. En het maakt niets uit als je tot de ontdekking komt, dat je voor de ogen van de wereld verborgen bent. Voor de grote Vader zul jij het licht zijn, dat temidden van de anderen straalt, een kleur tussen de kleuren, een noot tussen de noten van zijn wondermooie, eeuwige symfonie".

-3-
SWAN

"U heeft me het wonder van de tijd geschonken,
zodat ik leren kan,
de tijd te weven in zilveren draden
en door de herinnering
leren kan
te vergeten
en met een glimlach
de vleugels te laten gaan
die reeds op reis zijn naar de verre verte."

BETEKENIS: De woordelijke betekenis van de naam Swan is *'Zwaan'*. De zwaan geldt in de overlevering van de oude oosterse en westerse culturen als het dier van de inwijding. Deze hemelse bode staat voor de ziel van de mens, die de aardse begrenzingen heeft overwonnen en terugkeert in de regionen van de geest. Ook in sprookjes wordt hij gekozen, om de transformatie te symboliseren, met andere woorden de vorm die zichzelf overwint in het zuivere witte licht, zoals de kleur van het verenkleed van deze elegante prachtige vogel.

HERKOMST: Bij een excursie in het oerwoud van Zuid-China vond een natuuronderzoeker, die daar was om de gewoonten te observeren van de dieren in dat gebied, toevallig in een klein door een pandabeer verlaten hol een prachtig versierde, verzegelde klankschaal. Daar binnenin bevonden zich enkele rollen rijstpapier, dicht beschreven met begriptekens. Ofschoon deze enkele honderden jaren oud waren, waren ze nog volkomen leesbaar.

"Een witte streep aan de horizon, en een lichte beweging in de blauwe nevel, die de bergen en de boomtoppen omhult, het landschap in watten legt en bijna onwerkelijk doet lijken. In deze hoek van de wereld, die door de tijd gespaard is gebleven, is de stem van het water helder te horen. Daarna een vleugelslag, en een moment lang de indruk van een grote mooie vogel, zo wit als een sneeuwvlok, die neerdaalt op het water. Vervolgens alleen het ruisen van het water. Plotseling een geritsel in de bosjes, en er komt een kleine, in het wit geklede wonderschone figuur tevoorschijn, die wit licht lijkt uit te stralen, en deze komt ons glimlachend tegemoet. Hij gaat als een oude vriend naast ons zitten. Zijn heldere ogen met de kleur van de vroege ochtendhemel spreken tot ons, terwijl onze lippen gesloten blijven tijdens het luisteren."

BOODSCHAP: "In ons hart welt menigmaal een diepe smart op, welke het hart samen doet trekken, zoals een parasietenplant, die zich in een knellende omarming om een boom heen windt en deze de adem en levenskracht beneemt. Deze smart heet wrok, toorn of haat. Zij is het gevolg van een belediging, een geleden onrecht, kwaad dat iemand je heeft aangedaan. Vaak wordt deze smart ondraaglijk, als een ziekte waarvan je genezen wilt. Er is echter iets, dat het heel moeilijk voor je maakt je hart vrij te maken en tot vergeving te komen, waar je toch naar verlangt. Het is de overdreven zelfbeoordeling, die je verhindert te vergeven en te begrijpen. Waarschijnlijk verbiedt datzelfde gevoel je ook jezelf te vergeven. Deze overdreven belangrijkheid komt van je ego, dat heel bang is om zijn identiteit, zijn zelfstandigheid en zijn macht te verliezen. Het strijdt voortdurend om dat te verhinderen, met alle tot hem ter beschikking staande middelen, met de enige dingen die het kent of zich herinnert, alles wat zich in het materiële gebied bevindt, inclusief de spelletjes van het intellect, dat je zo menigmaal voor de gek houdt. Je ego strijdt om het hart te zijn. Maar je ego is niet je vijand. Het is een deel van jou; hem moet je vergeven, als je het voor elkaar krijgt om jezelf te vergeven. Zouden jullie mensen elkaar soms een hand afhakken, omdat iemand iets verkeerds gedaan heeft? Je ego is als een ondeugend kind, dat je zou moeten opvoeden en veiligheid geven, wiegen, zodat het rustig blijft als de Geest in je hart neerdaalt. Je ego kent al je "stemmen" en is er heel goed in om die na te doen. Zo ontdekt hij de motivatie voor je handelen. Maar je moet weten dat ieder, die jou kwaad heeft gedaan een slachtoffer is van eigen "boosheid", een gevangene van dezelfde illusie, dezelfde arrogantie. Vergeven betekent, dat je het spel van je ego ontmaskerd hebt, dat je uit je gevangenis bent bevrijd, om voor de eerste keer de glans van de sterren te zien, en je genezen te voelen van een lange ziekte. In dit licht herken je ook de gevangenis van degene, die jou onrecht heeft aangedaan, en hoe hij daardoor belemmerd wordt. Hoe kan men een blinde veroordelen voor het feit dat hij het licht niet kan zien? Je mag hem daarvoor niet veroordelen. Jij was ook blind. Om te zorgen dat het vergeven niet een nieuw spelletje van je ego wordt, moet het gebeuren als een daad van onvoorwaardelijke liefde, en zonder verwachtingen, zuiver als bronwater, dat plotseling sprankelt in de zon.

AANBEVELING:
"Kan het zijn dat je wat te hard over jezelf oordeelt, overdreven streng? Misschien reken je jezelf meer schuld toe dan de omstandigheid verdient. Schuldgevoel trekt diepe voren. Het is vaak geworteld in een ver verleden, dat je je niet meer exact herinnert en dat je niet meer kan goed-

maken. Niemand is onfeilbaar, misschien is dat het juist wat je het meeste hindert? Zolang je deze eenvoudige waarheid niet begrijpt en niet de mogelijkheid accepteert, dat je je vergist hebt of iets verkeerds hebt gedaan, zul je jezelf niet kunnen vergeven. Straffen is geen goed systeem om een kind op te voeden. Straffen bevredigen slechts degene, die nog banger is om het leven met al zijn moeilijkheden, maar ook met de mogelijkheden om die te overwinnen, in de ogen te zien.

-4-
SANSONNET

"Laat je gaan in het laatste daglicht.
Laat je ziel zich dronken drinken aan de roodgouden hemel.
Laat haar los, vrij en gelukkig,
tot het violet van de eilanden aan de horizon
de door vrede betoverde landschappen creëert.
Laat haar gaan,
terwijl je hart voor even
de verloren herinnering hervindt
en in melancholie versmelt."

BETEKENIS: De woordelijke betekenis van Sansonnet is *'Ster'*.
In de ochtendschemering vóór zonsopgang verzamelen zich ontelbare spreeuwen in de takken van de bomen, en kwetteren allemaal opgewonden met elkaar. Datzelfde ritueel herhaalt zich 's avonds nadat de zon achter de horizon is ondergegaan. We weten niet wat ze tegen elkaar zeggen, maar hun gezang lijkt met zijn aanzwellend geroezemoes de vreugde en de schoonheid van het leven uit te drukken. Op deze momenten tussen dag en nacht wordt de ziel erdoor gefascineerd, hij staat even stil om ernaar te luisteren.

HERKOMST: Uit de lichtwouden, die ooit de aarde bedekten.

BOODSCHAP: In dit magische ogenblik, als het licht nog net aan de hemel vertoeft, juist voordat de nacht valt, ga ik in blije vlucht door de lucht, om de laatste zonnestralen nog een beetje op te houden, die de sneeuwwitte vederwolken aansteekt met vlammen van roze en oranje. En in dit vrolijk op en neer gaan bezing ik de liefde voor het leven en de wereld, luisterend naar de eeuwige, altijddurende hartstocht van de schepping, waarin passie en harmonie zich vermengen tot een volmaakt evenwichtig schouwspel. Mijn lied laat niets onberoerd, ook niet de kleinste kleurnuance, de zachtste toon of de geringste verborgen betekenis. En net als het leven zelf vibreert het gezang van diepe vreugde, en nodigt het je uit in het koor van de dankbaarheid voor de hemelse Vader, om je aan te sluiten bij het enorme concert, waarin het gehele universum meezingt.

AANBEVELING: "Probeer in de schemering niet de treurigheid te zien van een dag die voorbijgaat, want deze dag is in zijn gehele volheid beleefd. Zie in zijn korte verschijning veeleer een ogenblik vol glans, een magische poort, die zich enkele onherhaalbare ogenblikken afstemt op het oneindige, en werelden van onmetelijke schoonheid opent. Zie bovendien de blije dans, die verrukt de nacht ontvangt en begroet, die nu begint. Het is een ogenblik van dankzegging en het gebed van inkeer in de rust, die de nacht zo lieflijk brengt. Misschien is dat het, wat de spreeuwen in de schemering doen - zij zingen de "Ode aan het leven".

-5-
BAUM

"Mijn Vader, ik heb gemerkt,
hoe uw liefde in de regendruppels
vanuit de hemel naar beneden kwam.
Deze regen heeft het wantrouwen weggewassen,
dat ik als een spinnenweb
om mijn lichaam geweven had.
Het is een rivier geworden,
die zich snel in de zee gestort heeft.
Deze regen
is een echo van uw stem geworden,
die me toeroept: "Kom, druppeltje!"

BETEKENIS: De woordelijke betekenis van Baum is *'Boom'*.
Een groot Indisch dichter heeft eens gezegd: "De bomen zijn de eindeloze krachtsinspanning van de aarde om tot de hemel te geraken." Deze inspirerende gedachte verklaart zichzelf in de duidelijke overeenkomst met de mens die, net als een boom met zijn wortels, met zijn voeten op de aarde staat, en zijn armen in gebed ten hemel heft, zoals de boom zijn takken naar de hemel strekt, en ons tot nadenken aanzet.

HERKOMST: In de grijze oudheid bedekten enorme wouden de aarde. Zij strekten zich uit tot aan de oceanen en groeven hun machtige wortels in het zandige strand. In deze weelderige bossen woonden de woudelfen, goedmoedige, stralende wezens, die in vrede samenleefden met het groene volk. Baum is een afstammeling van deze edele elfenstammen. Hij leeft, net als zijn broeders in de oudheid, in het hart van de bossen en zingt de oude liederen uit de tijd, dat de "kleurrijke lichten" van de bomen voor iedereen zichtbaar waren en hun gezang de lucht vervulde, in alle talen, en weerklonk over de toppen der bergen.

BOODSCHAP: "Heb je ooit de stemmen van de bomen gehoord? Ik kan je helpen dat deel van jou weer tot leven te wekken dat zich dat niet meer kan herinneren of dat te zeer aan dat alles twijfelt. De stem van de boom is vaak als een liefelijk gezang, dat spreekt van vrede, evenwicht en liefdevolle uitwisseling, waarbij elk schepsel van belang is voor de ander. In je gedachten kunnen zijn woorden als fluisteren te horen zijn. Het is voldoende als je ze gewoon wilt horen. En plotseling zul je de stem horen van de Vader aller dingen, die door deze boom tot je spreekt. Die je echter ook waarneemt in een steen, een beek, de aarde, een grashalm, de wind, in zuurstof die je inademt, of in de kleinste spin, die onverstoorbaar haar web weeft."

AANBEVELING: "Wanneer men overal aan twijfelt wordt men wantrouwend. Vaak zit de twijfel echter verborgen achter de hoogmoed van de trots. Daardoor kan het zijn dat wij ons op de een of andere manier anders voelen dan anderen, vaak beter, los van en vijandig tegenover een wereld, die bijna nooit aan onze verwachtingen schijnt te voldoen. Het daardoor ontstane wantrouwen brengt ons ertoe, ons daar verre van te houden, en ons in te kapselen in een tegen alle mogelijke indringers "beschermde plek". Maar ook daar, in deze "gouden kooi", wordt de twijfel een voortdurende kwaal, ondanks het feit dat we onze bewapening zo goed hadden gebarricadeerd. En daarom voelen we ons onzeker en moeten we, op zoek naar hulp, naar een antwoord, naar buiten komen. Het kan zijn dat dat antwoord is, dat we naar het begin van onze weg terug moeten keren, om in gedachten de belangrijkste perioden van ons leven nogmaals te doorlopen. De natuur kan daarbij onze leraar zijn: Kijk naar hoe deze weg begon, en zie hoe alles tot expressie komt, en het evenwicht en de harmonie bewaart. Niets is zo arrogant dan te oordelen over de kosmische wet, die alles ordent volgens het plan der volmaaktheid, dat te groot is om door de menselijke geest bevat te kunnen worden. Kijk hoe ieder schepsel zich "toevertrouwt" aan deze stroom van liefde, zich daarbij voedend met de levensadem, die zonder ophouden van de goddelijke Adem uitgaat. Zolang er in een hart ook nog maar het kleinste restje arrogantie is, kan de vrede over de deelname aan het leven, dat alle schepselen tot een wonderbare familie samenbrengt, niet worden verstaan. Ben je dus bewust, dat datgene wat jij inademt het kostbare element is dat de boom voor jou heeft getransformeerd, opdat je op dezelfde aarde kunt rondlopen waarin hij zijn wortels heeft verankerd."

–6–
HERON

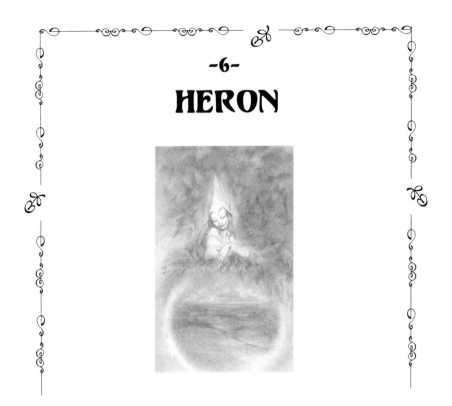

"Leer mij van uw ogen te dromen,
me in uw armen te wensen.
Leer mij, moeder, te dromen,
totdat de droom ophoudt
en ik ontwaken kan."

BETEKENIS: De woordelijke betekenis van Heron is *'Reiger'*.
De reiger is een grote watervogel, die met zijn talrijke familie in mildere streken vliegt. De majesteitelijke, prachtige vlucht van deze vogel doet zijn iets minder elegante bewegingen op de grond vergeten. Het is een beetje als met de dromen van mensen, van wie de visioenen op hun reis naar verre horizonten ook altijd stralender en begerenswaardiger zijn dan die uit de "vanzelfsprekende" werkelijkheid.

HERKOMST: Het verhaal gaat, dat op een dag, lang geleden, lichtwezens op aarde kwamen, wier taak het was om een bijzondere plek te creëren voor de niet verwerkelijkte dromen van de mensen.
Deze lichtwezens waren de lichtelfen, die heden nog steeds de dromen van mensen volgen, die in lichte veelkleurige ballen als zeepbellen door de nachtelijke hemel zweven. De elfen leiden deze lichtende kleine balletjes naar die "plek", waar de dromen kunnen leven en wachten, in plaats van dat ze, zoals tot nu toe, in vergetelheid geraken.

BOODSCHAP: "Hier is wat ik je influister voor je in slaap gevallen hart. Ik ken je wensen, en ik leid ze zachtjes over de brug, die de dromen scheidt van de werkelijkheid.
Of een droom werkelijkheid wordt hangt af van hoe jij je de brug voorstelt die beide werelden scheidt.
Misschien is die vaak in jouw ogen onovercomelijk is, want jijzelf bouwt haar op uit je gedachtemateriaal. Het geheim ligt dus in de kwaliteit van je gedachten. Als die duister zijn en treurig, dan maskeren ze de werkelijkheid, en scheppen ze de illusie van "nevelgebieden" waarin je je slechts met moeite, onzekerheid en verwarring kunt bewegen.
Als je gedachten echter duidelijk en helder zijn, dan ontstaat in jou de wil of de "pijl", en met behulp daarvan kun je de brug oversteken.
Datgene wat daadwerkelijk jouw innerlijke universum met de buitenkant verbindt, kan zo tot een lichtend pad worden. En om dat met vreugde af te lopen wordt tot een plezierig avontuur, waarbij het aantal gelukkige dromen toeneemt, die je dan weer mee kunt nemen naar dat wat jij al zo lang als werkelijkheid hebt beschouwd."

AANBEVELING: "Misschien heb jij ook een bijzondere droom, een heimelijke wens, die hardnekkig in je gedachten blijft ronddwalen. Wensen kunnen tot een vloek worden in een mensenleven, maar kunnen ook zijn redding zijn. Ze zijn ofwel een expressie van het ego ofwel van de zoekende ziel. Maar geen enkele wens kan lang overleven zonder handeling die hem tot werkelijkheid maakt.

In zijn vertwijfelde behoefte aan rust en zekerheid over zijn identiteit, produceert het ego vaak hele fantastische dromen, en hij koestert zich graag in de illusie ervan. Deze dromen staan echter vaak niet voor het ware welzijn van de mens, en de verwerkelijking ervan kan menigmaal tot een harde les leiden.

Als dus een droom herhaalde malen stukvalt, vraag je dan af uit welk soort gedachten hij afkomstig is, en of je wens soms tegenstrijdig is met jouw persoonlijke ontwikkeling of met die van een ander.

En als je de indruk hebt dat het lot zich tegen je keert, dan nog zou je tot de ontdekking kunnen komen dat je groot "geluk" hebt gehad: de oneindige Liefde, die ons geschapen heeft, geeft ons slechts datgene wat we echt nodig hebben om ons het leven bewust te worden dat ons geschonken is, en om op de weg van de evolutie verder te gaan. De lichtgevende gedachten zijn die, die je wensen in overeenstemming brengen met je wil. Wat je moet ontdekken en uitvinden is de wil van het hart, en deze zal het je mogelijk maken om moedig en opgewekt ieder moment van je leven te leven."

-7-
KLEID

"Grenzeloos is mijn geest, die zich verruimt
en alles kan zien.
Nu ben ik niet meer bang.
Het water dat ik in de holte van mijn hand hield
loopt weg door mijn vingers, die het niet vast kunnen houden.
En druppel voor druppel
Wordt het één met de stroom van de zilveren beek,
die stroomt en snel voortvloeit
om in de verre verte in de oceaan zonder grenzen te stromen.
En daar vertrouw ik me aan toe."

BETEKENIS: De woordelijke betekenis van Kleid is *'Kleed'*.
Een kleed is niet alleen maar datgene wat we aantrekken om ons lichaam te bedekken, maar ook datgene wat de persoonlijkheid bekleedt. Het is de som van onze gewoonten, die bij wijze van spreken de talrijke facetten van ons karakter opbouwt en de "garderobe" van ons wezen aanvult. Zich vrij te maken van deze gewoonten heet "plaats maken" of "renoveren en opfrissen". Het gaat dan over het loslaten van houdingen die een aanwensel, een "tic" zijn geworden, met andere woorden van een ongecontroleerde gewoonte van de geest.
Wat tot automatisch gedrag geworden is, en wegglijdt in de vergetelheid van het onbewuste, dat hebben we niet meer nodig. Daarom kunnen we het inruilen voor een nieuw, vrolijk "feestgewaad".

HERKOMST: De overlevering vertelt dat op een morgen een zonnestraal naar de aarde afdaalde om een klaterend beekje aan te raken, en dat daardoor het groene, frisse water ervan met duizenden lichtende druppeltjes jade oplichtte. Uit de jadedruppels werden de beekelfen geboren, als kinderen van het water en de zon.
Kleid houdt van frisse, schuimende beekjes, zoals die onder de dichte met veel takken doorvlochten vegetatie van veel bossen te vinden zijn.
Hij zit graag op de met mos bedekte rotsbodem aan het water, en luistert aandachtig naar hun verhalen. Inderdaad horen stenen graag vertrouwelijke mededelingen, en zo krijgen ze veel informatie van alle bewegende schepselen - van het water, de wind, de dieren die er komen drinken, van de vogels die berichten over verre landen, en vaak ook van de mensen die voorbijkomen. Stenen hebben een goed geheugen en onder andere ook het grote voordeel, dat zij niet naar believen de dingen die hun verteld worden mooier maken.
De elfen zijn in staat de zeldzame woorden te ontcijferen van de stenen, die geen haast hebben om hun verhalen te vertellen, die nergens heen hoeven, maar ons geduld op een harde proef zouden stellen.
Stenen zijn goede vertellers, en door hun bijna altijd eerbiedwaardige ouderdom overleveraars van zulke oude verhalen, dat zelfs de elfen zich deze niet kunnen herinneren. Van de stenen heeft Kleid dus vele interessante dingen en vele waarheden geleerd, zoals die in alle verhalen

verborgen liggen.
Maar het allermooiste verhaal, dat ongeveer alle anderen in zich besloten heeft, dat hij zingt en danst met een bekoorlijkheid, die niet te beschrijven is.

BOODSCHAP: "Mijn taak is het, je de geschiedenis bij te brengen van de beekstenen. Het kabbelende water, dat om hen heen stroomt kan die geschiedenis niet opvangen, noch de wind of de zonnestralen of de schepselen, die er komen drinken. Het is de geschiedenis van de niet-bezittenden, en die maakt gelukkig, want dat maakt vrij. Er is niets dat ons echt toebehoort.
Alles wat ons in handen is gegeven is in werkelijkheid een geleend geschenk, dat wij kunnen gebruiken om te begrijpen en te leren. Dat is de schat die ons is geboden, en die kostbaarder is dan al het andere - "kleed", die ons wordt gegeven, opdat wij onze aardse ervaringen kunnen opdoen. Een "kleed", dat we moeten leren liefhebben en op de juiste manier gebruiken, samen met alle andere mogelijkheden, die ons als "bruidsschat" worden geboden, met de wens, dat onze bruiloft met het leven dat ons is geschonken, tot een echt liefdeshuwelijk wordt."

AANBEVELING: "Het gevoel van bezit geldt niet slechts materiële goederen, in tegendeel, deze zijn waarschijnlijk alleen het oppervlakkige aspect.
In de angst om te verliezen ligt opnieuw de eroude pijn over het gescheiden worden van het Licht; de keuze van de mensen, die zich met de vergankelijke macht van het ego hebben geïdentificeerd.
Mogelijk is het merkwaardige gevoel van misselijkheid, dat vaak voorkomt, terug te voeren op iets dat je binnen houdt en er niet uit wilt laten. Iets wat je heel lang genegeerd hebt, en dat nu zijn kans opeist. Open daarom nu je handen en laat alles los. Want in werkelijkheid houdt alles wat jij vasthoudt jou vast. Het water dat over de stenen van de beek stroomt is een symbool van het leven, en alles wat haar aanraakt, van de zon tot de wind en de kleine schepselen, brengt een inzicht met zich mee. De stenen nemen dat op, terwijl ze luisteren en leren en laten dan het water zijn loop vervolgen en de waarheid naar duizenden andere stenen brengen, die daarop liggen te wachten in de stroom."

-8-
TIYOWEH

"Je zult nooit echt alleen zijn,
noch zullen je dorstige lippen ooit
vergeefs verlangen naar verfrissend water.
Je vermoeide lichaam zal de rust niet ontzegd worden,
noch je hart, de troost van een omarming
en de verlichting van de hoop.
Want jij bent de lang verwachte zoon.
Je roep werd in het hart van je Vader bewaard,
en hij strekt zijn hand naar je uit
en bereidt voor je terugkeer een feestmaal."

BETEKENIS: De woordelijke betekenis van Tiyoweh is 'Rust'.
Het einde van beweging, het uitrusten van elke opwinding, waarbij ieder innerlijk "geruis" ophoudt: de toestand waarin het nu zwijgende verstand zich kan ontspannen en het hart weer tot zichzelf kan komen en kan luisteren naar de vrede van de Geest.

HERKOMST: Uit de rode woestijn van een verre wereld, waar de zon met de schatten speelt van de steile rotshoogten, en de opmerkzame waarnemer deelgenoot maakt van zijn geheimen.
Tiyoweh werd door de volkeren van de oude aarde een natuurgeest genoemd, een wachter van de bergen, die sinds ontelbare manen in de woestijn leeft. Heden nog vertellen de stamoudsten dat Tiyoweh zich verscholen houdt tussen de schatten die zich uitstrekken achter de bergen van de woestijn.
Bij zonsondergang klimt hij behendig naar de hoogste top, om de zon een goede nacht te wensen. Tiyoweh is de vriend van de valk die hoog aan de hemel vliegt, en ook van de hagedis die geruisloos over het hete zand heen schiet.
Rond het vuur zijn heel veel verhalen ontstaan. Zij spreken allemaal van een kleine geest, die de mensen een groot geschenk brengt.

BOODSCHAP: "Ik breng je als geschenk het visioen van de weg, die voert naar de rust van het hart. Het is een visioen dat de mensen zelden weten op te vangen, omdat de weg dwars door de woestijn loopt, en zich slingert door het zwijgende, door de zon geblakerde zand, om de eenzaamheid tegen te komen. Het pad of de smalle weg, die naar de rust van het hart leidt, is de weg van de moed. De moed om je angst in het gezicht te zien, alleen te zijn met je gedachten, met je eigen zwakheden en beperkingen.
Je aanwezigheid in de weidsheid van de woestijn werkt als een oorverdovend, bijna niet te verdragen lawaai. Maar de weg gaat verder tot aan de top van de heilige berg, van waaruit alle onderliggende dingen klein zijn en heel ver weg. De rust op deze plek verzacht al het geleden verdriet, en doet langzaam de herinnering aan alle voorgaande stappen verdwijnen. En dan kan het hart van de mens, die zich tot daartoe gewaagd

heeft, deze rust ontvangen en in zich opnemen. En zijn geest kan de roep van de valk horen in verre echo's terwijl de blik, die zijn vlucht door de oneindige weidsheid van de hemel volgt, uit de heldere ogen komt van een wezen dat in vrede is."

AANBEVELING: "Op de weg door het leven kunnen wij moeilijke situaties tegenkomen, die een bedreiging zijn voor de zekerheid die wij om ons heen hebben opgebouwd. In deze situaties wordt alles wat onze innerlijke wereld betreft op de helling gezet, als bij een examen, waar het er op aan komt vast te stellen of dat, wat we geleerd hebben, ook werkelijk een verworvenheid van de geest is. Op deze momenten komt er altijd onwillekeurig een besluit in ons op, of liever dat wordt ons aangereikt. En hoe meer we de pijn van ons hart voelen, hoe moeilijker lijkt dat besluit te zijn. Het is de pijn die we ervaren als we het niet begrijpen en niet kunnen accepteren dat we iets los moeten laten, hetgeen iets is dat bij iedere keuze hoort. Op zulke momenten voelen we ons alleen, want we zijn ons bewust dat wijzelf daadwerkelijk de hoofdrolspeler van ons leven zijn, in de rol die op dat moment voor de hand ligt. Hoe vaak doet de druk die dat gevoel van eenzaamheid met zich meebrengt, in ons de angst niet naar boven komen dat we het niet zullen redden, of dat we het verkeerde doen? En hoe gemakkelijk lijkt het dan om te vluchten, we storten ons in de duizenden beslommeringen van het dagelijks leven, in de chaotische stroom, die ons voor even afleidt met zijn drukte en lawaai, maar die ons tegelijk verhindert om de luisteren naar wat we doen met onze pijn en verdriet. Maar daarmee spelen we oneerlijk spel. We laten toe dat ons verstand ons hart wat wijsmaakt, dat het ons in gewoonten laat terugvallen, die in werkelijkheid nutteloos zijn, dat we behoeften voelen, die we niet echt hoeven te vervullen, kortom laag op laag van allemaal woorden, verdraaide gedachten en valse gevoelens. En daardoor zijn we niet meer in staat naar de stem van ons hart te luisteren, die zachte stem die we alleen in de stilte kunnen horen, en die het antwoord weet. Zij kan ons vertellen van moed, kracht en de vaardigheden om de hindernissen van de woestijn te overwinnen. En ook van de mogelijkheid om met onszelf in het reine te komen. Want daaruit bestaat de reis die we aan het maken zijn, en de eenzaamheid waar we zo bang voor zijn, is een drogbeeld van het verstand.

Stap voor stap bemerken we dat er iemand is die ons bij de hand houdt, ons met liefde leidt, en ons aanspoort verder te gaan, zonder ons ook maar even uit het oog te verliezen. En die ons iedere keer als we voor een belangrijke beslissing staan de juiste keuze voorstelt, die gevoel en rede met elkaar verbindt, en ons als antwoord de rust van de geest en de vrede des harten brengt."

-9-
OWL

"Zich verliezen in klanken,
om rond te dwalen in het lichtende diepst van de nacht.
Zich verenigen met haar schijnbare zwijgen,
om het fluisteren van het verborgen leven te horen,
dat in harmonie heen en weer schommelt.
Met haar intimiteit versmelten,
om het hart te openen voor de stilte.
De draaikolk van gedachten stoppen,
om de tedere beroering van het huidige moment te beleven,
dat als een druppel in de eeuwigheid valt."

BETEKENIS: De woordelijke betekenis van Owl is *'Uil'*.
Er is geen signaal dat de komst van een uil verraadt. In zijn lichte, geluidloze vlucht vliegt hij door de nacht, zonder de rust te verstoren. Zijn ogen kunnen in het donker zien en nemen zelfs de kleinste beweging in de vegetatie duidelijk waar. Deze eigenschappen maken dat hij zich in het donker niet laat misleiden, maar waakzaam blijft en op alles let wat anderen niet kunnen zien. En vanwege deze eigenschappen wordt de uil geïdentificeerd met de wijsheid.

HERKOMST: Uit de diepte van de nacht, uit de duisternis in zijn hart, die niet duister is. Een klein lichtje in het bos - misschien kan men even op het gras, fris van de nacht, gaan zitten, als de lucht al lentewarm is, met de ogen dicht, om de klanken en de stemmen te horen die de stilte verbreken. De plotseling kreet van een uil die zich van een tak naar beneden stort, overrompelt ons voor een ogenblik, hij roept een oude angst op. In deze magische, bekoorlijke sfeer zwerft Owl, de nachtelf, door het stille land. Zijn stem komt onverwacht, als de kreet van de uil. Zij maakt ons wakker en waakzaam.

BOODSCHAP: "In mijn stem fluisteren alle stemmen van het woud, versmelten alle geluiden van de nacht. Mijn stem is als het ritselen van de blaadjes in een zuchtje wind. Het is een lied, dat zich verspreidt in de wonderbare sterrennacht, en het luisterende hart verbaast. Een boodschap van liefde, die jij nu kunt ontcijferen. Hoor hoe zij zich vermengt met het fluisteren van alle schepselen, en jou uitnodigt om je met de magie van deze klanken te verenigen. Wij zijn er ook - vogels, bloesems, wind en regen, aarde en zon. We zijn een beetje van al deze dingen, en in al deze dingen. Verbonden door onzichtbare draden van licht spelen we samen, het draaiboek volgend van de oneindige schepping. En door alles gaat dezelfde verheven Adem. Er is geen plek waar men aankomt, of vanwaar men weer vertrekt, er is alleen maar het moment. In dit moment is de gehele schepping omvat. En het verleden, is de geschiedenis van de toekomst."

AANBEVELING: "Met name 's nachts, als de geluiden van de dag rustiger worden, tot de een na de ander helemaal ophoudt, wordt de waarneming zuiverder, de zintuigen worden niet meer gehinderd en worden scherper. De dingen die om ons heen door dit stille uur worden gewekt nemen verschillende vormen aan. In het spel van de schaduwen lijken ze een eigen leven te leiden. Je bevindt je in het diepst van de nacht, je luistert opmerkzaam naar elk gefluister, elk krakend geluid, ieder klein geritsel. Rustig, maar waakzaam, laat je je vervullen door deze bijna onwerkelijke sfeer, waarin magie mogelijk lijkt, terwijl je wacht op de heilige rust van de slaap. Behoud deze gevoeligheid, de bereidheid van de ziel, die het je mogelijk maakt inzicht te krijgen uit de dingen zelf, van hen te leren terwijl je naar ze luistert, van hen leert wat houden van is of te ontdekken dat er rechtstreeks "iets" in jou is dat je hart met een mooie onbekende emotie sneller doet kloppen.

Het is alsof je een nieuw zelf tegenkomt, iemand van wie je wil leren houden, hem stukje bij beetje wilt leren kennen. Iemand die "voelt" en de verborgen zijde van de dingen waarneemt. Iemand die zich daarbij niet laat overlopen door de mechanische haast van het leven, en daar niet aan gebonden is, omdat hij een voorgevoel heeft van de vrijheid van de geest. En dan zul je merken dat deze "Iemand" je ziel is, en niet van jou gescheiden, je ziel, die de glimlach van de diepe vrede kent. Zo zul je je kern kunnen vinden, en je "jouw" aanwezigheid en "jouw" leven bewust worden. Vergeet het niet. Vergeet niet de anonieme hoeveelheid ijdele, nutteloze gedachten. Je bent niet meer je verleden, en je bent ook nog niet in de toekomst. Je "bent" in het moment, zoals alles wat met je en in je leeft, in het eeuwige Nu."

-10-
NIGHTINGALE

"Deze avond is vol magie.
Een warme, zachte stilte.
Alleen jouw gezang vult de lucht,
vrije, feestelijke nachtegaal,
vervult mijn wezen,
en reikt verder dat de ogen kunnen zien,
tot aan de andere kant van de tijd,
die een gedachte kan omvatten.
Gelach en muziek klinken van daar,
stemmen en geuren in de verte,
die mijn hart reeds verloren waande."

BETEKENIS: De woordelijke betekenis van Nightingale is *'Nachtegaal'*. Het prachtige geluid van de nachtegaal kan onze aandacht trekken. Met zijn fluiten lijkt hij ons te vertellen van de heerlijkheid van een in het licht stralende wereld, en beelden op te roepen, die snel door ons hart schieten, een hart, dat hij met zijn zeldzaam hartstochtelijke verlangen aanvoelt. En in deze betovering, mede door de speciale kleuren van de avond, kunnen we gemakkelijker het wonder, de schoonheid en de volmaaktheid in ons opnemen, waarmee de Heer het kleed van het leven heeft geweven.

HERKOMST: Zijn herkomst gaat verloren in de nacht van de tijd. Waarschijnlijk heeft de volksoverlevering in herinnering aan hem, Nightingale, de kleine nachtvogel de naam "Nachtegaal" gegeven.

BOODSCHAP: "Ik zal lieflijk voor je zingen, om je hart te verwarmen. Om je te helpen alle "deurtjes" van je ziel te openen en open te houden, waarachter de schoonheid, de liefde, de helderheid en het vertrouwen zich bevinden. Dat vertrouwen dat je zo vaak ontbreekt, als je plannen mislukken en je in je verwachtingen teleurgesteld wordt. Ik zal lieflijk voor je zingen, om je de vreugde te brengen, die dansend gaat zowel door het licht van de dag als door de duisternis van de nacht. De vreugde die alles doordringt. Ik zou je graag de verlichting brengen van een klein lampje, dat je roept in de duisternis, om je te zeggen dat er iemand is die op je wacht, om je de gave van zijn liefde te overhandigen. Ga met dit kleine lichtje in je hart vol vertrouwen verder, en pas op dat het niet uitgaat. In het vertrouwen zul je alle kwaliteiten vinden, die je ziel bezit."

AANBEVELING: "In het donker ontwaken onze angsten en al onze onzekerheden, als dingen die rechtstreeks uit de diepte der zee opduiken, waar ze net zo lang door een touw werden tegengehouden, totdat het touw brak. Zo ontstaat vaak de illusie dat men de duisternis heeft overwonnen, omdat we in een opwelling van moed zo dapper kunnen zijn. Als je de duisternis bestrijdt, zul je je grenzen nooit overwinnen. Probeer liever in de duisternis een noodzakelijke metgezel van je groei te zien. De duisternis is de zuster van het licht. Ze brengt je naar de zon van de geest.

Als je vertrouwen in haar hebt en haar niet als vijand ziet, zal ze je tot aan de uiterste grenzen van je wezen brengen, waar alleen nog zekerheid en wilskracht overblijven, en met hun hulp zul je door de tijd en de ruimte gaan, vrij van iedere begrenzing, in de vreugde van het oneindige Licht."

DE FEEËN

-11-
ABLOOM

"Bloemblaadjes in duizenden kleuren
dwarrelen licht
in een grappige dans
door het eerste morgenbriesje.
Zij spelen met het goud van de zonnestralen,
die terugkeren om de nieuwe dag aan te steken."

BETEKENIS: De woordelijke van Abloom is *'Opgebloeid'*.
Het beeld van een weelderige tuin of een bloeiende weide doet het hart deugd. Toch vragen we ons niet altijd af wat de oorsprong is van zo'n subtiele, ondefinieerbare vreugde. We zijn tevreden met het zoete genot die de zintuigen, geopend voor kleuren en geuren, ons bieden. Zij leiden even onze gedachten af, en laten ons voor een ogenblik verwijlen aan de grens van een onbekende wereld.

HERKOMST: Van een klein eilandje in Noord Europa, over het bestaan daarvan zijn er enkele legenden.
De aanwezigheid van feeën wordt door de mensen vaak niet opgemerkt, zij hebben hoogstens in sprookjes over hen gehoord.
Abloom behoort tot een feeënsoort die begiftigd is met veel fantasie, graag zingt, en die ter inspiratie naar de stemmen van beekjes luistert, vooral als de zonnestralen die op het water spelen, al die nuances van kleur opleveren, die de dans der noten van het partituur begeleiden.
Hun liederen zijn altijd heel helder, en de melodieën die uit hun hart komen, zijn liefdesgezangen, een getuigenis van geluk, dat voortkomt uit de kleuren, de geuren, de streling van de lucht en de subtiele klanken van de vibraties van alle dingen.

BOODSCHAP: "Als de menselijke wezens verdrietig zijn worden ze een beetje als bloemen die maar moeilijk in bloei komen.
Ik zou je willen helpen om de ingang te vinden van de rijkste tuin, waar een kostbaar geschenk op je ligt te wachten, en vele duizenden bloemen zich heel gelukkig openen naar de zon.
De tuin die ik bedoel is je hart, en de bloemen zijn jouw onbegrensde mogelijkheden, je niet gebruikte talenten, je lieftalligheid en je spontaniteit. En de zon is het licht van de Geest, die ze voedt, zodat zij zich openen, en hun schoonheid ten toon spreiden.
Onder deze zon moet wel de liefde tot bloei komen, de kostbaarste, zeldzaamste en meest uitgelezen bloem, het kostbare geschenk dat op je wacht, het toverwoord, dat de taal van de schepping kent en met de ziel daarvan versmelt."

AANBEVELING: "Als je merkt, dat je de gewoonte kwijt bent om met lichtheid tot vreugde te kunnen komen, als je de harmonie verloren bent, niet meer "in overeenstemming" bent, als het lijkt alsof je je bevindt op een verre, geïsoleerde plek, dan is het ogenblik gekomen om je af te vragen, of je je misschien niet te zeer in jezelf hebt opgesloten.

Dit "toevluchtsoord" is niet altijd de juiste plaats om ons gekwetste gevoel te helen, en vaak zijn wij het zelf, en niet anderen, die onszelf afwijzen.

Het is onze eigen houding die steeds meer de wereld van ons vervreemdt. Vaak lijken we wel een beetje op een bloem, die dreigt te verwelken, omdat ze niet weet of ze zich zal openen of niet, ze aarzelt, terwijl om haar heen de andere bloemen hun bloemkelken wijd openen in een veelkleurige regenboog, genoeglijk spelend met de zonnestralen. De hemelse Vader heeft je de "sleutel" tot je hart gegeven, die dient echter om te ontsluiten, niet om te sluiten. Kijk eens naar een bloem. Als deze haar schoonheid wil laten zien, moet ze zich aan het licht overgeven.

Jouw hart moet zich dus ook aan het licht geven, om zelf als een zon te worden, die liefde, edelmoedigheid, macht en geluk uit kan stralen."

-12-
SILESIA

"Dans met mij, hartje.
Mogen je schreden licht zijn als de wind
en je omarming oprecht als de zon.
Ik geef je mijn adem,
en jij geeft mij je liefste glimlach."

BETEKENIS: De woordelijke betekenis van Silesia is *'Fijn weefsel'*.
Iedere keer dat we een relatie met iemand aangaan worden we deel van een heel netwerk waarmee ook andere relaties zich verbinden of al zijn verbonden, en er hiertussen zijn allerlei combinaties mogelijk. Dat is de "magie" van de intermenselijke betrekkingen. En we moeten leren deze te onderhouden met een zorgvuldigheid die onze fijngevoeligheid ons ingeeft, om plooien of ronduit scheuren in de fijne draden van dit weefsel te vermijden. Daarom nemen wij hiervoor de verantwoording.

HERKOMST: Feeën treffen elkaar gewoonlijk in grotere of kleinere groepen. Zij wonen op een vaste plek in het grote rijk van de natuur en zij maken daar iets bijzonders van.
Wat Silesia betreft, zij behoort tot een bijzondere soort feeën, zonder vaste woonplaats. Zij wonen alleen op plaatsen met een weelderige vegetatie.
Zij bewegen zich zo snel van de ene naar de andere plek, waar ze ook maar nodig zijn, dat je de indruk hebt dat ze overal zijn.
Daarom is het onmogelijk om met zekerheid vast te stellen waar deze natuurgeesten vandaan komen. Vanwege deze eigenaardige eigenschap kregen zij in de volksmond de naam "Wandelgeesten". Hun zachte en invoelende manier van omgaan met andere levende wezens maakte hen tot beminnelijk voorbeeld voor die zeldzame gelukkige reizigers, die hen mochten leren kennen.

BOODSCHAP: "De mij toevertrouwde taak is het om jou je wortels te laten zien, alsof je een klein, nog verward en besluiteloos plantje bent, en om je te leren hoe je je tot hen kunt wenden.
In zijn wortels vindt iedere plant de kracht die hij nodig heeft om te groeien, omdat hij door hen en door de aarde, die hem herbergt, ondersteund en gevoed wordt. Deze voeding verandert dan in een substantie die de andere levende wezens tot adem dient. Alles draagt bij tot de ontwikkeling der dingen. Ieder krijgt wat hij nodig heeft, in een stilzwijgende overeenkomst, dat al het geschapene met een fijne draad verbindt. Opdat dit echter in een ononderbroken stroom kan gebeuren, moeten we leren dat wat wij ontvangen niet achter te houden, maar de transfor-

matie ervan toe te laten. Want dan kan het tot een knop uitgroeien, een bloem of een vrucht, waaraan een klein vogeltje zich dan in het voorbijgaan weer aan kan verzadigen."

AANBEVELING: "Het maakt niet uit om welke relatie het gaat, of dat nou vriendschap is, partnerschap of een simpele kennis, vraag jezelf altijd af of je de ononderbroken stroom volgt van het geven en nemen.
Je aan je eigen wortels vasthouden betekent, dat je je centrum van balans en evenwicht, je innerlijke steun hebt herkend en erkend.
De boom verbergt zijn wortels in de grond. Hij laat alleen zijn stam en zijn takken zien. Hoe breder en robuuster zijn wortels zijn, hoe sterker en majestueuzer stam en takken zijn. De wortels zijn zijn krachtpunt en zijn contact met de energie van de aarde, die in hem naar boven stijgt en zijn lichaam voedt. Zo kan hij zich heel zeker omhoog heffen naar de hemel en een andere soort energie ontvangen, die van de zon, die dan weer via zijn bladeren en twijgen naar beneden gevoerd wordt. Een gezonde boom erkent in zichzelf dit "Huwelijk" van energieën en transformeert die tot vruchten.
Als je in jezelf merkt dat er gevoelens van afwijzing of jaloezie naar anderen toe naar boven komen, dan is dat een teken dat je de ononderbroken energiestroom tegenhoudt en deze dus onderbreekt. Op die momenten heb je niets te bieden, en kun je ook niets ontvangen, terwijl je de toegang tot voedsel ook voor jezelf hebt geblokkeerd. De liefde en het licht zijn je voeding en je vruchten. Zij zijn datgene wat je kunt leren geven en ontvangen."

-13-
LEAFY

"Zing en dans aan de gouden oevers
van de vergeten stranden.
Je gelukkige lach
is een tere klank,
die de snaren van de harp tot klinken brengt."

BETEKENIS: De woordelijke betekenis van Leafy is *'Blaadje'*.
De naam heeft betrekking op lichtheid, die echter niets met oppervlakkigheid te maken heeft. Die nodigt veeleer uit de natuurlijke charme weer te ontdekken die uit zo'n houding spreekt. Bovendien staat hij voor het weten dat niets onvergankelijk is, het duidelijke gegeven van veranderlijkheid en de voortdurende transformatie van alle dingen.

HERKOMST: Lang geleden, toen de winden zich verdeelden in vier hemelrichtingen, zagen zij tussen de bladeren van een berkenboom een vrolijk ondeugend windje over het hoofd, dat altijd klaarstond om iedereen die voorbijkwam met zijn vrolijke invallen te vermaken. Uit het geschater van de voorbijgangers ontstonden feeën, die sindsdien het liefst in berkenbomen wonen. Berkenbladeren ritselen bij het kleinste briesje. Hun dwarrelen lijkt op de klank van zachtjes lachen. Ze zijn echt zo licht, dat de wind ze in een crescendo van aanstekelijke vrolijkheid helemaal door elkaar heen blaast. Als je toevallig een berk tegenkomt op je weg, probeer het maar eens, stop eens even en luister naar hem. Misschien verras je jezelf met een glimlach of een onverwachte goede bui.

BOODSCHAP: "Mijn taak is het de lichtheid wakker te roepen in de harten van al diegenen, die zich eindeloos met hun denken uitputten, en daarbij vergeten hoe leuk het is om te lachen. Houd af en toe eens een pauze, neem eens de tijd om even zorgeloos te lachen, en de nectar te proeven die de bloemen je aanbieden. Deze tijd, die je schijnbaar "berooft" van je drukke bezigheden, brengt je de koelheid van de schaduw, een moment van rust, waardoor je pas weer lichter wordt. Het flinke lachen, dat spontaan uit je hart komt, sprankelt als het frisse water van een bron. Het lijkt op het zachte briesje, dat de vleugels van je ziel opheft, en het je mogelijk maakt een korte vlucht te maken."

AANBEVELING: "Hoe vaak gun jij jezelf in je dagelijks werk, een pauze, al is het nog zo kort, om je hart de gelegenheid te geven om weer in zijn normale ritme te komen? Hoe vaak sta je je hart toe te spreken, als het probeert jou terug te brengen tot het wezenlijke, het echt belangrijke, dat jij niet kunt verstaan.? Als men volwassen wordt vervalt men vaak in een gevaarlijk spel, waarin men veel concepten vervalst of vergeet, zoals bijvoorbeeld iets als spontaniteit of eenvoud. Wil je de weg terugvinden, die daarheen voert? Je kende hem, toen je nog met de ernst van iemand, die zich helemaal overgeeft aan wat hij doet, wilde spelen. In die tijd glansden je ogen, en waren je voeten licht en blij dat ze konden lopen. De toekomst interesseerde je niet, en je had, net als ieder kind, een geheim. Daardoor leefde je geheel verdiept in wat je boeide, je had het vermogen om je omgeving te verruimen, en tijd te vinden om je te verbazen en te glimlachen."

-14-
SANTAL

"Ik geleid je tot over de grenzen
en ik help je vinger
om de sluiers van de vorm
de ene na de andere te scheuren.
Als een nevel die langzaam optrekt
en de details van het landschap prijsgeeft.
Tot je ogen gaan lichten,
als zij het wondere gelaat
van de echte werkelijkheid aanschouwen.
Als lichtgevende wolken
in het heerlijke spel van veranderingen,
die geen hemel ooit tegelijkertijd kan zien."

BETEKENIS: De woordelijke betekenis van Santal is *'Sandelhout'*. Haar naam herinnert aan de doordringende sterke geur van sandelhout. Al zou je het niet verwachten, deze geur raakt onze fijngevoelige zintuigen zo teder, dat deze zich ontspannen en het hart een ogenblik van blije rust gunnen.

HERKOMST: Op weg door het bos stuiten we vaak op een klein meertje, dat ons verbaast omdat het er zo eenzaam en rustig ligt.
De bomen eromheen worden in het water weerspiegeld, dat ons bedrieglijke diepten voortovert.
De bovenste takken van de bomen laten het zonlicht door, dat de groene oppervlakten beroert en hier en daar een stuk van de grond tevoorschijn laat komen. Uit deze oase van licht duikt plotseling een vis op. Meestal verdrijft hij de tijd met het volgen van de lichtkring, om zich dan weer ergens tussen de algen op de bodem te verstoppen, ongestoord en zich waarschijnlijk van onze aanwezigheid niet bewust.

BOODSCHAP: "Ik zou je graag een straaltje licht willen schenken". Zij kan voor je ogen als een zonnestraal werken, die rechtstreeks de dichte donkere spiegel van het meer doorsnijdt en de bodem verlicht, waarbij een verborgen, wonderbaar rijk zichtbaar wordt waarin het leven danst. Zij werkt vaak zo stil, dat ze ver van onze gedachten verwijderd schijnt te zijn. Maar ook in de eenzaamste woestenij, in de kleinste regendruppel, in een sneeuwkristal of een stofje klopt en gaat dezelfde adem als in jou. We moeten leren om over onze ogen, neus en al onze zintuigen heen te voelen en lief te hebben."

AANBEVELING: "Als onze wereld van verschijningen je overrompelt, is het alsof je werkelijk over het troebele oppervlak van een meer zou gaan wandelen, ervan overtuigd dat je je op een solide vaste bodem begeeft. Deze wereld doet je verleidelijke voorstellen, ze probeert je van de noodzakelijkheid daarvan te overtuigen en geeft je het gevoel een keuze te maken, voor iets dat allang jou heeft gekozen. Als dat gebeurt, sta dan eens even stil om dat "oppervlak" nader te bekijken, neem de kans waar, de wereld om je heen met andere ogen te bezien, en om de starheid van vooroordelen te overwinnen, die vaak ontstaan door alleen maar oppervlakkig contact met de dingen.

De eerste indruk die we van iets hebben, komt vaak in zekere zin met de waarheid overeen, maar het oordeel waarmee ons verstand de dingen automatisch gaat definiëren bevredigt onze herkenning slechts ten dele. Ons oordeel is integendeel vaak een "keten", die ons verhindert datgene wat zich achter de façade verbergt objectief te zien. Het maakt het ons vaak onmogelijk om de verborgen boodschap "op te vangen", de fijne nuances, die alleen onthuld worden als onze geest door de grenzen van de uiterlijke verschijningsvorm heen breekt. Als je ogen die andere kant kunnen zien, en tot de kern van de dingen kunnen doordringen, dan pas kun je het wezenlijke vatten, en eindelijk de polsslag van het leven ontdekken, die je hart doet kloppen."

-15-
WHIFFLE

"Jouw geest kijkt naar je van achter de deur van de zintuigen.
Hij danst als een strijdros, heerlijk en vrij,
met zijn vacht, die glanst als het maanlicht.
Op zijn borst straalt een juweel van een smaragd,
op zijn voorhoofd schittert een vurige diamant.
Hij heeft vleugels, om jou ver weg te kunnen dragen,
van achter de poort van de zintuigen roept jouw geest je."

BETEKENIS: De woordelijke betekenis van Whiffle is *'Licht briesje'*. Het plotselinge, frisse strelen van de wind verrast de bladeren van de bomen, de bloemen en het gras van de weide, en onder die tere aanraking buigen zij zich en wiegen heen en weer, en daardoor ontstaat dat zachte geluid, waar de ziel zo zeer van houdt. Hoe aangenaam is het om dat zachte briesje op je gezicht te voelen, dat een ogenblik bij onze oren lijkt te vertoeven en ons geheime woorden lijkt toe te fluisteren, terwijl we onze ogen dicht doen, om van dit moment van intimiteit nog meer te genieten.

HERKOMST: Het late voorjaar kondigt haar komst aan. Een fee kan gemakkelijk voor een vlinder worden aangezien, vooral wanneer onze ogen door de zon verblind worden. Slechts weinigen kennen het onderscheid: een fee veroorzaakt in het snel voorbijglijden een heel licht, fris en aangenaam briesje.
De feeën vinden het leuk voor vlinders aangezien te worden, en zij bootsen hun heerlijke bonte vleugels vaak na.
Net als de vlinders voelen ook zij zich tot bloemen aangetrokken, maar als zij op een bloemkelkje gaan zitten, dan is dat alleen om wat uit te rusten en er een babbeltje mee te maken. Ook hebben zij dezelfde lichtheid als zij van de ene plaats naar de andere vliegen, en evenals de vlinders houden zij van door de zon verwarmde bloemenweiden.

BOODSCHAP: "Mijn stem is zo fijn als de vleugelslag van een vlinder. Mijn woorden hebben de smaak van de parelende morgenlucht. Kun je dat voelen? Want ik wil met je praten.
Blijf rustig en met vrede in je hart en luister naar me. De lichtvonkjes, die de mensen ideeën noemen, lijken een beetje op de gouden stuifmeelkorrels die in het voorjaar door de lucht zweven.
Vaak lijkt het alsof die te schuchter zijn om een richting te kiezen, zij moeten daarheen geleid worden. Zo is het ook vaak met de kleine intuïties die de mensen niet serieus nemen maar laten vallen, waardoor ze dit snelflitsende licht verspillen zonder het te kunnen opvangen. Zoals de kleine stuifmeelkorrels de herinnering aan de moederplant in zich draagt, zo ook is iedere vonk die in jou opkomt een boodschap van her-

kenning, want bevat de herinnering van het gehele universum. Wees daarom attent, en dankbaar voor dit kostbare geschenk."

AANBEVELING: "Misschien ben je op zoek naar een antwoord, en kun je het niet vinden. Sluit dan nu je ogen en adem rustig door, tot je het gevoel hebt alsof je languit op het koele gras ligt, terwijl je je zintuigen vrij laat dwalen, zodat zij alles om je heen volledig in zich kunnen opnemen. Verstoor de indrukken die zij opdoen niet door te pogen die te beredeneren, maar laat ze door je heen gaan als een licht windje, dat nu tezamen met je adem in jou waait.

Je wezen lijkt groter te worden in deze ervaring, en je hart vermengt zich met je gedachten. Nu zijn je hart en je verstand één met die lichte bries, ver weg van de wolken die af en toe het licht van de zon afdekken. Zij volgen de roep van een wereld aan de andere zijde van de grove indrukken van de "normale" zintuigen. De intuïtie is als een knippen met je vingers, dat de slaperigheid van de geest doorbreekt, als een bliksemschicht die plotseling en snel de wolken vaneen scheurt om een korte flits te laten oplichten. Het antwoord waarnaar je op zoek bent, ligt in de "Wereld van het Licht".

Maar jij bent het, die met een open hart en geest, deze wereld tegemoet moet treden, om de fijnere zintuigen en hun krachten te ontwikkelen, om zo met de nodige eerlijkheid en bereidheid, open te staan voor herkenning.

En als je verlangen brandend is en schoon als het vuur, zul je van de oneindige bron drinken, en de intuïtie kunnen ontvangen, het juiste mozaïeksteentje waarmee je de afbeelding die je aan het maken bent kunt afbouwen. Wees vol vertrouwen, want het weten dat je ontvangt, komt van de bron van liefde, waaruit jij ook bent ontstaan. Met kleine slokjes zal dit goddelijke water je dorst lessen, en dan zul je het antwoord weten."

-16-
LILY

"Gisteren liet ik de stem van mijn opstandige geest
tot een ijzig koude wind worden,
die zijn eenzaamheid uitschreeuwde.
Vandaag liet ik mijn hart naar de stem van mijn ziel luisteren,
en die spreekt van licht."

BETEKENIS: De woordelijke betekenis van Lily is *'Lelie, rein, blank'*. De sneeuwwitte lichtheid van de lelie, net als van de jasmijn en het sneeuwklokje, is symbolisch verbonden met reinheid. Misschien is dat omdat hun zo volmaakte kleur en hun bijna maanachtige glans als van opaal, ons herinneren aan het spirituele licht, dat een onbevlekte ziel uitstraalt, om wiens mond de lieflijke glimlach van de oprechtheid speelt.

HERKOMST: Van de koude ijsbergen, die de koude, witte vlakten van het noorden bedekken. Een oude legende verhaalt van een berg, die op het noordelijkste puntje van de aarde stond, de aarde werd in die tijd nog "de Moeder" genoemd. De gletschers en het zwijgen beheersten de hele omgeving. Zij verzwolgen sinds jaar en dag de warmte van de zon. De grote berg reikte eenzaam omhoog in de lucht, zijn spits verloor zich in de witte nevelen van de hemel, en niets, zelfs geen vleugelslag, verbrak zijn gewatteerde zwijgen.

Op een nacht stond de berg te dromen in deze witte, bevroren rust. In zijn droom verschenen onbekende en kleurrijke landschappen, wonderbare oorden, die hij zich nooit had kunnen voorstellen, en waar bruisend leven was, dat zich in duizend verschillende aspecten uitte.

Toen de berg echter ontwaakte, zag hij dat er niets veranderd was, alles was nog net zo koud en wit als daarvoor. Plotseling echter doortrilde de berg een volkomen nieuw gevoel, dat als een zonnestraal zijn hart verwarmde. Voor de allereerste keer kon hij het voelen, zijn polsslag, en kon hij zijn zachte geluid overal horen.

Er kwam een diepe vreugde over hem, hij begreep dat dit leven ook in hemzelf klopte. Zijn ijs smolt weg in duizendvoudige dampen, en ook de stilte leek niet meer zo drukkend, omdat daar geen eenzaamheid meer in school.

Uit dit bewustzijn ontstonden feeën als "Lily".

Vaak komen er eenzame witte bloemetjes tevoorschijn uit een witte deken van sneeuw, zij zijn de "gedachten van liefde", die de feeën in het voorbijgaan achtergelaten hebben, opdat de geschiedenis van de ijsberg niet in vergetelheid zal raken.

BOODSCHAP: Mijn taak is het je te helpen als je de kou voelt naderen, en je hart bevriest. Mijn stem zal lieflijke klanken vormen, mijn woorden zullen voor jou als lichtgevende sneeuwkristallen zijn, mijn gezang zal jouw eenzame droom liefdevol begeleiden. Geen plek ter wereld, zelfs niet de onherbergzame ijsbergen, die sinds eeuwen de oppervlakte van de verre ijslanden bedekken, is buitengesloten van het hart van de aarde. In de zachte warmte van haar schoot bestaat er geen vorst, geen van haar schepselen kan eenzaam zijn.
Alles is een manifestatie van het leven, dat de moeder liefdevol in haar armen sluit. Geen van haar kinderen blijft onopgemerkt."

AANBEVELING: "Wil je mij vertellen van de momenten, waarop je hart elk fluisteren tot zwijgen brengt? En van de stormwind die alle gedachten verdrijft? En van de siderende ziel, die zich bang opsluit in de kou van de eenzaamheid? Wil je me vertellen van deze ogenblikken van treurnis, van vergetelheid? Van deze tijden, kennelijk vergeten door de toekomst, en waarin je hart zozeer ingesnoerd is? Je verdriet is als een sluier die je gelaat verborgen houdt.
Wanneer zij over je ziel neerdaalt, ontneemt zij alle adem aan de spontaniteit van je gevoelens, en houdt ze elke glimlach in de ogen verre. Het kan ook zijn dat dit masker voor je gezicht zijn oorzaak vindt in onbevredigde verlangens of dat het komt doordat je teleurgesteld bent in je verwachtingen, terwijl je onbewust nog steeds zit te wachten op de beantwoording daarvan. De sluier van verdriet kan zo dicht worden, dat hij het dansende leven om je heen geheel verhult, terwijl dat je met alle kracht en met vreugde en schoonheid roept. Probeer je over te geven, geef voor een ogenblik je weerstand op, die opstandige impuls, die de toegang tot je hart verspert.
Vertrouwen is een daad van moed, de proef die de ziel op zijn weg moet afleggen, het tevoorschijn komen van de deemoed, als we ons bewust worden van de arrogantie waarmee onze persoonlijkheid het leven de rug toekeert.
Het lijkt zo vreselijk moeilijk om ons vrij te maken van deze persoonlijkheid, die bestaat uit wel duizend inperkende uitgangspunten, want zij is eeuwig ontevreden, en voortdurend bereid om over alles wat zich

voordoet te discussiëren. Daardoor verhindert ze ons de geschenken te herkennen, die het leven ons geeft, aan de andere kant van de illusies die ons verstand gecreëerd heeft. Laat je blik door de sluier die haar verborgen houdt heendringen. De ogen van de ziel stralen van het vuur, dat alle ijs en elke angst voor kou doet smelten. Het vuur van de goddelijke Liefde, die al een eeuwigheid in je binnenste brandt."

-17-
WICKET

"Een gouden lint dwarrelt licht door de lucht,
op zoek naar dromen.
Het vangt je visioenen
en houdt die zachtjes vast.
Laat het niet ver weg vliegen,
daarheen waar je verloren raakt,
maar pak het, bind het aan je voet,
en laat het gelukkig wandelen in de wereld."

BETEKENIS: De woordelijke betekenis van Wicket is *'Deurtje, poortje'*. Een deur of een poort geeft een grens aan, waarbij we gedwongen worden stil te staan. Hebben wij ons bezit met veel poorten afgegrensd? Een grens is niet alleen een hindernis voor het binnenkomen, maar ook voor het eruit gaan!

HERKOMST: Zij is uit het water geboren, dat zich voor even had losgemaakt van de aarde, om zich te veranderen in hele kleine, lichte neveldruppeltjes, die zich aan de hemel weer tot wolken verenigen. In deze zachte, luchtige massa wacht zij vrolijk tot zij, in een klein regendruppeltje gehuld, weer naar beneden komt. Feeën wonen vaak in de wolken, waarin de fantasie van de mensen zich ook menigmaal verliest. Als de wolken tot de rand toe gevuld zijn met verloren fantasieën, kunnen de feeën de tijd verdrijven met het aannemen van vormen van drogbeelden. Deze vloeien in elkaar over als luchtspiegelingen zonder lichaam, veranderen onophoudelijk van vorm, en gaan één voor één verloren, totdat ze allemaal verdwenen zijn. Toch moet je zeggen, dat het vaak heel leuk is om naar de wolken te kijken terwijl ze steeds veranderen in allerlei merkwaardige fantastische vormen. Het is leuk om je te verdiepen in het spel van de feeën, en daarbij al het andere te vergeten.

BOODSCHAP: "Vaak word je door de beelden van je gedachten getrokken naar fantastische, verre werelden. Je fantasie maakt menigmaal de vergissing de visioenen van gindse werelden te volgen tot in de wolken, die ze op hun "verkleedreizen" meenemen. Mijn taak is het nu om jou de weg terug te wijzen, als je voeten zich te vaak van de grond willen losmaken en bereid zijn bij het kleinste hoestje of zuchtje het contact met de aarde te verliezen. De wonderbare dingen die je dromende ogen daarboven zien, moet je omzetten in werkelijkheid, want al deze heerlijkheden zijn de droombeelden van je talenten, de geschenken die het leven voor je in petto heeft."

AANBEVELING: "Het kan zijn, dat je gevoeligheid zo ontwikkeld is, dat die je in een fijnstoffelijke wereld brengt, die niet iedereen kan waarnemen. Maar het kan gebeuren, dat dat je toevluchtsoord wordt, een soort

"vergulde zeepbel", waarin je angstvallig je geheimen koestert.
En misschien duik je daar zo vaak in onder, dat je het begint te verwarren met de wereld, zodat minstens een deel van jou daarin leeft en zich beweegt, ofschoon het ongetwijfeld daar een beetje voller is. Bedenk dat elk van je visioenen hier beneden op je wacht, om door jouw capaciteiten tot uitdrukking te kunnen komen, verrijkt door de ervaring die jouw zo gevoelige ziel in de fijnstoffelijke wereld heeft gehad. Zo wordt het een gift voor al degenen, die zich nog hardnekkig vastklampen aan de wereld, die jij reeds hebt overwonnen, en die nog te weinig stilstaan om hogere gedachtegangen te kunnen volgen.
Misschien ben je bang je lichtheid te verliezen, en doe je daarom je ogen dicht voor de wereld, die je niet accepteert. Er is echter een reden waarom je hier bent. Misschien moet je juist je lichtheid en je fantasie inbrengen in deze wereld, die zo rationeel geworden is. Misschien moet je ook iets leren, dat alleen deze wereld je kan bieden.
Zo gaat het ook met de reis van het waterdruppeltje, omhoog naar de hemel en weer naar beneden naar de aarde. Op zijn tocht door de elementen neemt hij verschillende vormen aan, de ervaring daarvan verrijkt hem, en die verrijking neemt hij met zich mee. Dat is het wat je van de wolken kunt leren. In de vormen die zij aannemen liggen boodschappen besloten, kleine tips, die de ziel zelf kan interpreteren. Doe daarom de deur niet dicht, maar ga vrolijk je weg over de aarde die jou herbergt."

-18-
WISTAIRE

"De kleine spiegel,
die de glimlach van de hemel weerspiegelt,
kijkt helder en roerloos uit
over het gelaat van de oneindigheid."

BETEKENIS: De woordelijke betekenis van Wistaire is *'Blauweregen'*. Indigoblauw is de zachte kleur van de blauwe regen, die in dichte trossen van de met donkergroene bladeren versierde takken naar beneden hangen. De snelgroeiende plant hecht zich op sierlijke wijze aan muren, die er helemaal door bedekt worden, terwijl de takken zich als in een dans samen om de stam heen winden. Hun discrete schoonheid trekt de aandacht van de gevoelige wezens.

HERKOMST: Er zijn veel verschillende soorten zeefeeën. Wistaire leeft in de geheimzinnige diepten van de bergmeren. Als je een bergmeertje aantreft, heeft dat altijd iets magisch en heiligs over zich, dat onmiddellijk onze gedachten tot zwijgen brengt, en de moeite van de klim doet vergeten. Rondom de stemmen van de vogels, van de insecten en de kleine dieren, maar daar aan de oppervlakte - daar is het stil. En onze ziel verrast ons door zijn zwijgen, niet in staat iets te zeggen, bewogen en vol eerbied voor zoveel onverwachte schoonheid.
In deze bijzondere bewustzijnstoestand kunnen we een gezang van ongelooflijke zoetheid waarnemen. We luisteren naar de stemmen van de zeefeeën, die daar in de diepte wonen.
Als de zon achter de bergtoppen ondergaat, en de hemel een warme doorzichtige glans krijgt en zich tooit met diep kobaltblauw en scharlakenrood, dan komen de feeën omhoog naar de oppervlakte. Hun gezang wordt door het zachte avondbriesje rondom verder gedragen. Alle levende wezens luisteren, en ook wij kunnen ons, in beschouwing verzonken, in stilte met dat gezang verbinden.

BOODSCHAP: "Kijk in de spiegel van het meertje, hoe dat het blauw steelt van de avondhemel. Het glanst als een edelsteen, ingebed tussen de bergen, voordat de nacht het bedekt met zijn met sterren bezaaide mantel. Deze diepe vrede lijkt door niets gestoord te kunnen worden. Laat je zachtjes wiegen door deze stilte en wees niet bang.
Elk van je gedachten glijdt over het gladde oppervlak van het water, en verzinkt in de hemel, die erin weerspiegeld wordt. De tijd staat stil, alles rondom is magie. Dat is de sleutel die de deur naar je hart opent, zodat de ziel vrij naar buiten kan komen en zich in het water kan spiegelen, dat

als lichtend zilver is geworden, en zij haar gezicht daarin kan herkennen. Mijn stem komt helder tot je, want nu kun je haar horen, omdat je nu zelf deze stem geworden bent, die in de betovering van de avond verder reikt, en heel zachtjes het oor streelt dat bereid is te luisteren."

AANBEVELING: "Vaak komt op de "Weg" onvermijdelijk het moment van de waarheid, waarin we tegenover onszelf komen te staan, en ons als in een spiegel getoond wordt wie we zijn of denken te zijn. Deze spiegel geeft ons beeld precies weer, maar hij weerspiegelt ook datgene wat verborgen in ons leeft.
Als we op een belangrijk, voor ons leven essentieel punt zijn gekomen, komen we onze geest, onze ware essentie tegen. Dit ontvouwt zich voor onze ogen als een magische spiegel die de toekomst laat zien. We zien dat wat we nog niet zijn, maar wat we kunnen worden. Het is heel moeilijk om in deze spiegel te kijken, omdat we daarin ook alles ontdekken wat nog in ons sluimert. En we zien het schrikaanjagende aspect van de "Draak, die voor de ingang van het hol slaapt" en die de daarin verborgen schatten bewaakt. Deze schatten zijn de gaven, die erop wachten om door ons hart veroverd te worden. De moed van het hart maakt de "slapende draak" wakker, of beter gezegd alles wat onze voortgang belemmert. Maar hij maakt ook alle vaardigheden wakker die het hart zelf bezit, de enige waarmee we tegen onszelf kunnen optreden. Moed leidt tot een juist handelen van het hart, tot eenheid van verstand, wilskracht en liefde. Je geest kijkt je vanuit de andere kant van de spiegel lachend in de ogen aan en strekt zijn hand naar je uit. Ook jij bezit de moed des harten, maar waarschijnlijk weet je dat niet."

-19-
STREAM

Watergeesten, kom en vertel mij
jullie verhalen.
Moge de zilveren klank van jullie lach
mijn hart vrolijkheid brengen.
Mogen de blonde, glanzende lokken,
die om jullie hoofd golven
de tranen drogen van verdriet."

BETEKENIS: De woordelijke betekenis van Stream is '*Stroming, waterloop*'.
Het is nooit hetzelfde water, dat fris en onophoudelijk stroomt door beek, stroompje of rivier en dat dezelfde plaatsen bevochtigt, terwijl het water dat zojuist voorbij stroomde afval en vuil met zich mee neemt.

HERKOMST: Vaak kan men in de buurt van waterlopen een wondermooie klank waarnemen, die uit het water zelf lijkt te komen. Een "vloeiende" klank, die lijkt te bestaan uit lucht en kleuren, en die lijkt op het geluid van kristallen klokjes. Deze klank wordt voortgebracht door de kleine feeën, die er bijzonder etherisch en teer uitzien en bekleed zijn met een prachtig groenblauw licht, de kleur van het helderste water. Zij leven in de nabijheid van waterlopen, en in die omgeveing levert hun energie een bijdrage aan het vruchtbaar maken van de aarde, zodat de vegetatie kan groeien en weelderig tot bloei kan komen. De feeën hebben de energie van de onvoorwaardelijke liefde, die zich niet meer laat verleiden door de vleierijen van het ego. Dat is het geschenk dat zij aanbieden aan degenen, die hun hart geven met die bijzondere toewijding die alleen mooie zielen bezitten.

BOODSCHAP: "Ik wil jou, mooie en gevoelige ziel, op je zoektocht als geschenk, het aroma van de liefde aanbieden. De liefde, die alle grenzen heeft overwonnen, en die jou uit het diepste van je hart roept, terwijl jij de moeilijke opgaven van het leven welwillend op je neemt, maar juist daardoor ook ten diepste weet wat smart is. Vergaar je tranen, zoals het dal de rivier opneemt, die haar vervolgens vruchtbaar maakt. Geen ruimte binnenin jou kan leeg blijven, als je de liefde vrij laat stromen, zoals de wind waait door de bladeren van een boom of over de golven van de zee. Het water stroomt uit de bron, baant zich een weg, en onderweg vult het ruimtes, het loopt, past zich aan en vormt tegelijk meren, rivieren en oceanen. Het bezit de kracht en de mogelijkheden zich telkens weer te reinigen, en trouw te blijven aan zichzelf. Laat dus niet toe dat je tranen voren trekken in je hart, maar laat ze vruchtbaar water zijn voor jouw tuin, opdat elke bloem zich met een glimlach kan openvouwen."

AANBEVELING: "Als je liefhebt, is het misschien het moeilijkst te begrijpen wel, dat je kunt geven zonder iets kwijt te raken, en dat je de grenzen kunt overwinnen die je gevoelens je stelt, en die wij vaak verwarren met liefde. Elke keer dat wij geraakt worden door haar kracht, zachtheid en onbeschrijflijke vreugde, die in ons naar boven komt, beginnen er allerlei gevoelens te werken. Liefde is de drijvende kracht, die ons doet voortgaan in het leven, ons inspireert, en de motivatie voor ons handelen. Liefde is "iets", dat we stap voor stap kunnen leren, en geleidelijk op een hoger niveau kunnen brengen, wanneer we met name die gevoelens leren vormen, kneden, die zo dicht bij onze zintuigen liggen. Wanneer we merken dat we van iemand houden, gaan we gelijk onbewust met die iemand om alsof we aanspraak op hem of haar kunnen maken. Eigenlijk doen we dit waarschijnlijk om al datgene wat deze liefde voor ons betekent niet te verliezen. In elk soort van relatie, ongeacht of wij dan de plaats hebben van vader, moeder, kind, geliefde, vriend, echtgenoot, worden we vaak overweldigd door allerlei gevoelens, die in ons opkomen als we bang zijn om iets te verliezen of als we de blijdschap kwijtraken, die zachte euforie van de verliefde ziel, die ons vleugels geeft. Om zeker te kunnen zijn, proberen we dan iets te bezitten, wat we niet kunnen bezitten. Zo worden we zonder het te willen slachtoffer van onze eigen gevoelens. En telkens weer leren we door het lijden: we ontdekken dan meer over de liefde en over onszelf. We kunnen leren ons eigen wezen, dat altijd groeiende is, te observeren, terwijl de liefde stukje bij beetje groter wordt, en ons vermogen om lief te hebben alle grenzen overstijgt en een vreugde bereikt, die anders is dan we ooit gekend hebben. En die vreugde omarmt degene die we liefhebben op zielsniveau, daar waar de vrijheid van geest intuïtief duidelijk zichtbaar is. We kunnen dus niets anders doen dan degene die we liefhebben te overstelpen met een grote, mooie en schone liefde. Deze kunnen we nooit verliezen, omdat die de grenzen van de tijd overschrijdt."

-20-
HINDIN

"Eén enkel "Ja",
waarvan de verrukkelijke klank
een zilveren spiraal voortbrengt,
die zich draait in schitterende kronkelingen.
Doe mee met deze dans,
die omhooggaat in een hemel
van smaragd.
Je voeten hebben nu vleugelen."

BETEKENIS: De woordelijke betekenis van Hindin is *'Hinde'*.
Volgens een oude overlevering van de Amerikaanse indianen is de hinde een inwijdingsdier. Het is uitgerust met voldoende kracht en moed, om met de vastbeslotenheid en offerbereidheid van een welwillende ziel de weg vrij te maken van de demon, die de toegang verspert tot de heilige berg, de woonplaats van de Grote Geest. Ook in de Keltische traditie is zij het inwijdingssymbool bij de geheimzinn
ige innerlijke reis, waarop zij tot taak heeft de mensen de toegang te wijzen tot de parallelle wereld of toverwereld, waarin hij tot herkenning en wijsheid kan komen.

HERKOMST: Deze feeën leven aan de groene oevers van de oceaan, in de streken van noordwest Europa.
Kort vóór het aanbreken van de dag strijken zij zachtjes op het zoutachtige wateroppervlak neer. En het komt maar heel zelden voor, dat iemand die van eenzame wandelingen langs het verlaten strand houdt, zweert, dat hij hen heimelijk heeft kunnen observeren terwijl zij met hun dansen het morgenrood begroetten.

BOODSCHAP: "Als je wilt, kan ik je bij de hand nemen, elke keer weer de ogen openen en naar de schoonheid leiden, indien je die weer vergeet. De schoonheid blijft al te vaak onopgemerkt. We zien haar niet meer onder het stof, dat het dagelijkse leven met zijn oppervlakkigheid en nalatigheid bedekt.
En toch, ook op dit uiterlijke niveau van het bestaan maakt de grote Kunstenaar het wonder zichtbaar van zijn ononderbroken schepping - men moet het alleen weten te vinden.
Vaak zijn de mensen niet bij machte de schoonheid in haar volmaakte uitdrukking te herkennen, omdat zij haar telkens beoordelen naar hun gemoedstoestand en emoties, en deze gevoelens zijn onbestendig en wisselvallig.
Schoonheid betekent de magie van een onherhaalbaar ogenblik te kunnen vatten en te voelen hoe het hart zich opent voor de liefde, en met de betovering die zo ontstaat versmelt."

AANBEVELING: "Ware schoonheid overstijgt verre de normale definitie. Het is een eigenschap die uit de wereld van het Licht komt, en die niet kan worden waargenomen door de normale zintuigen, die geheel in beslag worden genomen door de alledaagse waarneming.
Ze is dus niet subjectief, zoals de meeste mensen geneigd zijn te geloven, behalve dan in de persoonlijke, voorbijgaande betekenis van de individuele smaak.
Ook stijgt zij verre uit boven de vorm, want zij toont ons de goddelijke grootheid, die zich in de liefde manifesteert. Dat is iets wat de menselijke ziel slechts korte, grandioze momenten kan waarnemen, want dan gaat het verloren in de intuïtie van de uitgestrektheid, waardoor de schoonheid in de eeuwige aanwezigheid van de schepping tot uitdrukking komt.
Daarom heeft de grote Kunstenaar ons de vorm geschonken. Met behulp daarvan kunnen onze zintuigen wennen aan deze schoonheid, die een spontaan gevolg is van Zijn liefde. Als je verbaasde blik valt op een landschap of op een lachend gezicht, als je blik rust op ogen die je de schoonheid van de ziel laten herkennen, en als je die bijzondere beroering gewaarwordt, die de zintuigen in verwarring brengt, laat dan je gevoel los. Want de schoonheid kan je door onbekende bewustzijnstoestanden heen in de wereld van het Licht dragen, daar wordt je bewogenheid tot gebed."

-21-
BLUME

"Ik zou je het glimlachen willen leren, dat je nog niet kent.
Gedachten die diep in het hart verscholen liggen, die het nog niet wagen tevoorschijn te komen, maar die uit de grond van de ziel tot je spreken.
Zij maken daartoe gebruik van een spiraal, een scheurtje in de sluier.
Ragfijn, als de draden die zon en maan, zee en hemel verbindt.
Ik zou willen dat je het tere stemmetje kon horen, dat jouw naam fluistert.
En het uitgestrooide zaad wacht.
Het verspreidt de zoete geur van bloemen, en fluistert in je oor, bereid zich voor je openen in de fantastische rijkdom van zijn toekomst. Ook bereid om in jouw prachtige kleuren te schilderen, en daaruit heerlijke muziek te componeren en deze voor jou tot een geschenk te maken, terwijl jij toehoort, zingt en danst.
Bereid om dit alles te schenken, je zekerheid te geven, je te zeggen dat het geen zin heeft ergens anders te zoeken, dat het in jouzelf ligt, en wacht.

BETEKENIS: De woordelijke betekenis van Blume is *'Bloem'*.
In haar wonderbaarlijke volmaaktheid is de bloem een toonbeeld van pracht, waarin de belofte van de vrucht ligt opgesloten. De vrucht is het symbool van het offer - het voedsel, dat lichaam en ziel transformeert. Elke vrucht draagt het geheim van het leven in zich. De vrucht laat zien, dat het einde de wedergeboorte al weer in zich draagt.

HERKOMST: Blume is de naam van een familie van kleine feeën die vaak de uiterlijke verschijningsvorm aannemen van kinderen, met lichte rozekleurige vleugels. Roze, net als het licht dat rond hun kleine lichaampjes heen speelt. Zij komen uit de onbereikbare streken, waar de embryo's van de mooie, verheven gedachten ontstaan. Hun taak is het het ontkiemen van het zaad op gang te brengen, dat vaak lang in slaap heeft gelegen, alsof het geen idee had van het leven, dat er schuchter in ligt te wachten.

BOODSCHAP: "Ieder van ons is als een zaadje van Licht, dat door de liefde van de grote Vader als sterretjes over deze kostelijke wereld is uitgestrooid.
En uit elk zaadje dat opkomt kan die prachtige boom groeien, die in ons besloten ligt. Deze boom staat voor alles wat wij kunnen zijn. En de zon, het water, de aarde en de wind zullen er zijn, als hij steun, warmte en voedsel nodig heeft, om zijn armen naar de hemel te kunnen strekken. De boom, die bloesem en rijke vrucht zal dragen, en duizend zaden die hij kan schenken als bijdrage aan het grote Werk. Elke keer dat wij een gebaar van liefde maken, gaat er een klein zaadje opent, dat in het hart ligt te wachten."

AANBEVELING: "Sommige mensen verschuilen zich in de menigte. Zij zwijgen, en wagen het niet tevoorschijn te komen, omdat zij denken dat ze niet goed genoeg zijn of minder waard dan andere mensen. En zij minachten zichzelf en lachen zichzelf uit. Wanneer zij op die manier hun eigen natuur beledigen, beschimpen zij in werkelijkheid datgene wat het hoogste Wezen in hen heeft geschonken, een vonk van zijn eigen lichaam, zijn eigen substantie.

En deze unieke, individuele vonk heeft Hij in liefde, uit het diepst van zijn hart, jou geschonken.
Als je soms eens denkt dat je niets waard bent, ga dan in jezelf op zoek naar dat kleine zaadje van Licht, dat trillend jouw naam fluistert, en geef dat jouw liefde."

-22-
SERENE

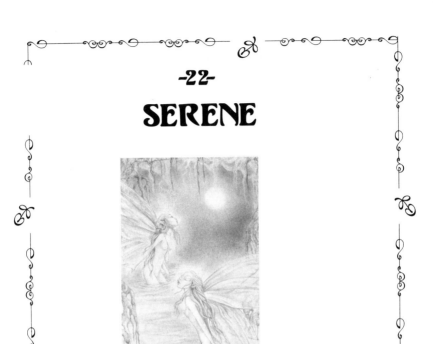

"Een zilveren schijnsel licht op
tussen de sterren.
Het is de weg van het hart,
dat niet tegen mij kan liegen,
omdat het alleen waarheid kent."

BETEKENIS: De woordelijke betekenis van Seren is *'Helder, rustig'*. Een heldere, wolkenloze hemel is het symbool van het volkomen, onkwetsbare evenwicht, waar de menselijke geest naar streeft, bij zijn pogingen om vrij te komen van de voortdurende storingen. Als hij zich in deze bevoorrechte omstandigheid bevindt, is de ziel van de mens, die in spirituele harmonie leeft, intens gericht op de goddelijke liefde. Vandaaruit worden alle "wereldlijke dingen" door deze liefde gefilterd, en met de nodige afstand waargenomen.

HERKOMST: Serene behoort tot een feeënfamilie die lang geleden is ontstaan uit de manestralen. Bij volle maan glijden de feeën langs zilveren lichtbundels naar beneden, naar de aarde. Zij vliegen lichtvleugelig door de bossen en de uitgestrekte weiden, waar het maanlicht alles in magische kleuren dompelt. De vaardigheid waarmee zij zich in de lucht bewegen is bijna onwerkelijk, zo licht zijn hun bewegingen. Slechts een zacht geritsel verraadt dat zij voorbijvliegen. De krekels onderbreken hun gezang voor een ogenblik, en de nachtdieren houden bij hun aankomst de adem in in een huivering van ontzag. Spoedig daarop wordt de lucht vol met kleine zilveren lichtjes, die dan in het beekje duiken. Daar houdt de stroom op, omdat die door boomwortels of door een steen worden onderbroken. Deze feeën vinden het heerlijk om in het frisse heldere water van de beek te baden. De beek neemt ze graag in zich op, en luistert naar hun grappen, totdat zij moe geworden op het vochtige gras gaan zitten om uit te rusten.

BOODSCHAP: "Als de maan hoog aan de hemel zilver is geworden, en de nacht is voortgeschreden, stijgt uit mijn hart een lieflijk gezang omhoog, dat in de nacht verdwijnt. Gedragen door de manestralen raakt het alle dingen aan, en bereikt ook die plaatsen waar de menselijke wezens slapen. Het dringt door de ramen naar binnen, verlicht de in de slaap verzonken gezichten, die niet merken, dat een lied van licht tot hun ziel spreekt. Mijn lied brengt je inspiratie, en het antwoord dat tot nu toe op je vraag uitbleef. Het heeft gezien hoe je tenslotte uitgeput in slaap bent gevallen. Je ontwaakte ziel luistert nu naar de woorden van het lied en glimlacht, want nu kan ze de oplossing te weten komen."

AANBEVELING: "Soms word je je bij het wakker worden bewust, dat een probleem dat je had, tijdens je slaap is opgelost, dat de oplossing je is aangewaaid. In werkelijkheid is het zo, dat je onrustige geest tijdens de slaap zwijgt, en dat je fijnstoffelijke deel de oplossing kan lezen, die vaak in de sterren staat geschreven en in een droom tot je komt. Of die als boodschap diep in je onderbewustzijn is doorgedrongen, om op het juiste moment de beste oplossing aan te dragen in de vorm van een briljante intuïtie. Want meestal heb je de oplossingen die je zoekt al in je. Ze reizen mee met je ziel, in de verwachting dat je hart ze zal ontdekken. Ja, het is het hart dat de juiste antwoorden vindt, zonder ook maar de kleinste vergissing. Je moet het je hart vragen, je moet naar zijn stem leren luisteren."

-23-
TWINKLE

"Wolken, zo wit als het schuim van de golven,
gaan omhoog en omlaag als vleugelen
tegen het blauw van de heldere hemel,
waarvan de kleuren tot avondrood verbleken.
En terwijl het blauw langzaam donkerder wordt,
Breekt de nacht open,
Haar ogen vol met miljarden sterren."

BETEKENIS: De woordelijke betekenis van Twinkle is *'Fonkelen. Blinken'*.
Alles wat blinkt of een mooie glans heeft trekt onvermijdelijk de aandacht. Edelstenen zouden niet zo zeer begeerd worden, als ze niet die typische transparantie hadden, waar het licht schitterend doorheen komt. Deze zachte schittering trekt ons aan en hypnotiseert bijna onze blik. Misschien komt zij uit de zee van herinneringen, en roept zij een herinnering wakker, die ook meteen weer verdwijnt, zoals een echo doet. Misschien overviel ons de herinnering aan het Licht dat ons geschapen heeft, en proberen we dat onbewust terug te vinden, door iets wat een weldaad is voor onze ogen.

HERKOMST: Van alle plaatsen, ver verwijderd van de lichten van de stad en zijn oorverdovend lawaai.
De nachtlucht wordt fris en helder, en nodigt de zintuigen uit die moe zijn van de dag, om te rusten. In de betoverende sfeer van rust dansen de feeën op de muziek van de sterren in magische lichtende cirkels.
Zolang de wereld bestaat hebben de sterren al gesproken tot de levende wezens, en hen de juiste weg gewezen. Vooral de mensen hebben de sterren altijd zeer gewaardeerd. Zij zagen ze als een orakel, dat hun lot voorspelde, en gaven ieder van hen een naam, opdat alle andere mensen ze zouden kunnen herkennen. Tegenwoordig gebeurt het niet meer zo vaak, dat de mensen hun blik naar de hemel richten op zoek naar een antwoord.

BOODSCHAP: "Mijn taak is het jouw weg te verlichten, als de vaak onverwacht ingevallen duisternis je het verdergaan onmogelijk maakt. Ben je vergeten dat je de zachte glans van de sterren kunt zien, als je je ogen naar de hemel verheft? In de ster die door jouw hart wordt uitgekozen aan de eindeloze sterrenhemel, ligt het antwoord op je vraag. Wees niet bang voor de duisternis. Die is een soort ruimte waarin de ziel zich soms opsluit, om na te denken en zich voor te bereiden op de volgende stap.
Wees niet bang, want het duister houdt een flonkering in zich verborgen van een ster. Die kun je zoeken, waar je je ook bevindt in de duisternis.

Dat is het bijzondere geschenk dat ik voor je heb: een druppeltje licht dat in je handpalm zal vallen. Houd je handen goed dicht, zodat dit kostbare druppeltje niet weer verloren gaat, en het je elke keer de weg kan wijzen, en zelfs het diepste duister zal verlichten."

AANBEVELING: "Misschien zijn de sterren alleen 's nachts te zien, om de mensen eraan te herinneren dat zij nooit alleen gelaten worden, dat de lichtwezens altijd over hen waken, hen beschermen en slechts wachten op een blik, die hun hulp inroept.
De mensen vergeten het licht van de sterren steeds meer, en steeds zeldener heffen zij het hoofd ten hemel.
Met gebogen hoofd kijken zij naar de grond, om niet te struikelen over de wirwar van complicaties, die hun verstand zonder ophouden doet ontstaan. Geloof je niet, dat er een zweem van arrogantie kan liggen in de gedachte dat jij de enige bent die lijdt, zonder hulp? Terwijl toch de lichtwezens aan jouw kant staan en er slechts op wachten dat je hen roept.
Maar je moet hen wel zelf om hulp vragen. Dat vragen is een gebaar van deemoed, waarmee je erkent dat je in het duister tast, en dat je ogen op je pad verblind zijn door de duisternis.
En je weet dat je het doel van je reis nooit bereiken kunt zonder een klein lichtje dat je de weg wijst."

-24-
SEAWEED

"Je bent een klein zoutwaterdruppeltje,
dat door de zee in de lucht gesproeid is.
Vlieg gelukkig en veilig op je weg
in de wereld, die jou onbekend is
en waar onrustige en onbestendige winden waaien.
Denk er aan:
de ganse zee is in jou.
Vergeet dat nooit, waarheen de vlucht
daar boven in de lucht je ook brengen zal.
De ganse zee ligt in jou besloten.
Wat ook de vorm en richting is,
die je in je ontwikkeling aanneemt."

BETEKENIS: De woordelijke betekenis van Seaweed is 'Alge, wier'.
Hoe kun je nou niet aan de zee denken, als je een alge ziet? Die verspreidt zijn sterke, scherpe geur. Als een ander soort lucht doet de zee in deze bijzondere vegetatie kostbare elementen ontstaan. Volgens hetzelfde principe wordt het water een ander soort hemel, om de mensen de prachtige ervaring van het zwemmen mogelijk te maken. Dat lijkt namelijk op vliegen zonder vleugels.

HERKOMST: Toen de eerste manestraal het oppervlak van de zee beroerde, brak hij als een kostbaar kristal in vele kleine lichtdeeltjes uiteen. De zee, die sinds de oertijd van de nevel alleen duisternis kende, lichtte nu op, als het ware overgoten met vloeibaar zilver licht.
De winden woeiden sterk en hevig, om de laatste sluier van nevel te verdrijven die de hemel bedekte. De zee zag nu voor de eerste keer de sterren, en door hen zag hij de ogen van de grote Ene weer, die alles heeft geschapen. En zijn hart werd vervuld van vreugde.
Het lichtende spoor van de manestralen spreidde zich over het water als een straat, die tot de uiterste grenzen van de zee leek te voeren, daar waar hij overgaat in de armen van de hemel.
En daarvandaan kwamen, dansend op het schuim van de golven, de zeegeesten, beladen met alle wonderen, die de Schepper aan hun zorg had toevertrouwd. Zij goten die in de diepte van het "Grote Water" dat bevolkt werd met merkwaardige, prachtige schepselen in duizenden kleuren en vormen. Zo begon het leven in de zee. God gaf zijn water de opdracht de herinnering aan zijn oorsprong te bewaren.
Seaweed is een "Nereïde", een van de zeegeesten, tot wie de zeelieden in de oudheid baden.
Ook vandaag de dag nog is het hun taak om de mensen die verloren ronddwalen in de storm te helpen hun vertrouwen te hervinden. Als we naar de zee kijken, en we voelen ons ver weggedragen worden en merken dat er een euforisch gevoel van vrijheid in ons opkomt; als we, gewiegd door het geruis van de golven, onze gedachten laten gaan, dan fluistert Seaweed lang vergeten woorden in ons oor.
Haar stem, lieflijk en licht als sproeiend water, lijkt op het ruisen van de zee in de holte van een schelp.

BOODSCHAP: "Ik kan je de adem van de zee leren. Heb je niet opgemerkt, dat het voortdurend aanrollen en terugwijken van de golven op ademen lijkt? Jouw adem is als het ademen van de zee: een komen en gaan, een geven en nemen, transformatie en schepping. De schat die de zee in zijn diepe wateren herbergt, wiegt hij met zijn adem. Ook in de diepte van jouw leven liggen verborgen schatten. Zij zijn alles wat jij bent.
Vertrouw op je waarnemingen. Je hoeft niets anders te doen dan je talenten te erkennen, zonder het oordeel over jouw kwaliteiten aan anderen over te laten. Biedt ze hen aan, eenvoudig als het ademen, zoals je een geschenk aanbiedt. We kunnen onze adem niet eeuwig inhouden, net als de zee zijn golven niet halverwege kan tegenhouden."

AANBEVELING: "Als je verstand rustig is, wordt je adem dieper, vertraagt zijn ritme. De gebaren die nu volgen zijn beheerst en waardig, en van een heldere, natuurlijke concentratie. Dat is het moment dat je de deur kunt openen naar je intuïtie, dat vluchtige ogenblik van verbinding met je ware zelf. Het gehele universum volgt het dansende ritme van de ademhaling, daarvan is niets uitgesloten, zelfs niet de schijnbare hardheid van een rots in de bergen. En met je adem reproduceer jij dit universum, leef je deze schepping, en schep je van jouw kant universums. Neem het geheim in je op van de golf, die zichzelf "uitschenkt" in in- en uitademen, en zich weer opnieuw met de zee vermengt."

-25-
LAZULI

"Breng je adem tot rust, en volg zijn ademtocht.
Laat je gaan op zijn stroom,
zoals het blaadje
dat op het water van een fris beekje wegdrijft.
Je geest, verheugd over deze ervaring,
komt ook tot rust, en kan zich aansluiten
bij het zingen van het water
en versmelten met het blauw van het licht,
dat nu alles omhult."

BETEKENIS: De woordelijke betekenis van Luzuli is *'Lapislazuli'*.
Het intense blauw van deze steen brengt verstand en geest tot rust. Lapislazuli is erom bekend, dat het de concentratie en meditatie bevordert, en daardoor de verbinding met het hogere Zelf gemakkelijker maakt. In het oude Egypte werd lapislazuli gezien als Godsgezant, als drager van de waarheid, van het licht en van reinigingskracht.

HERKOMST: Lazuli behoort tot een soort van blauwkleurige feeën zoals de steen waaraan ze hun naam ontlenen.
Bij het zingen lijken hun stemmen op die van het water, zodat wij mensen ze moeilijk kunnen onderscheiden. Waarschijnlijk gaat de oorsprong van deze feeën terug tot de tijd waarin het "Grote Water" dat de gehele aarde bedekte zich terugtrok en de oceanen vormde. Daarbij echter liet het een getuigenis van zijn verborgen wezen in het hart van de bergen achter. In de zomer, als de gletschers smelten en de bergbeken gaan zwellen, laat Lazuli zich dragen door hun stromen. Zij houdt zich daar op, waar het frisse water zich plotseling naar beneden stort, waardoor krachtige, vrolijke watervalletjes ontstaan. Op zulke plaatsen kan men bijna altijd de aanwezigheid van feeën bespeuren.
Het is een wonderlijke ervaring plotseling op een groep bergfeeën te stuiten. Als men naar ze luistert, met een open en fijngevoelig hart, kan men hun gezang horen en hoe het zich vermengt met de stem van het water, dat opgewekt naar het dal stroomt.

BOODSCHAP: "Het is mijn taak om je tot aan de drempel van het verstand te brengen, waar de intuïtie woont, en je zachtjes in het blauw van het universum te schuiven, tot aan de oceaan van de ingevingen. Aan de andere kant van je illusies, op de onbewolkte rustige reis van een verstand dat één is met het hart.
Opdat je de waarheid van je goddelijke Zelf kunt bereiken en je ziel door de weg die je gaat gereinigd wordt, om tenslotte bekleed te worden met het licht van de Wijsheid. Die vereniging vindt plaats in het laatste deel van de reis. Je waarneming wordt dieper, en je zult de oeroude herinnering aan je oorsprong hervinden. Daarheen kan ik je brengen, als je mijn stem hoort, die met het zingen van het water versmelt dat vrolijk naar

het dal stroomt, gedragen door de stroming van de sterke vrolijke watervalletjes."

AANBEVELING: "Op zoek naar volmaaktheid, loopt men soms gevaar te precies te worden, zodat men onbewust een pietluttige, gekunstelde houding aanneemt. Wanneer je vaak het gevoel hebt dat je geobserveerd wordt of in de schijnwerpers staat, is het moment gekomen om stil te staan. Want dat gevoel zou kunnen komen van je verlangen naar onfeilbaarheid. Er zou de wens achter kunnen zitten iedereen te behagen, en je daarom vaak in het centrum van de belangstelling te zetten.
Ook het jezelf te zeer opofferen ten dienste van anderen, je teveel voor alles beschikbaar stellen, te tegemoetkomend te zijn, kan in de grond een dekmantel zijn voor het vuur van de trots. Bovendien maakt je overgevoeligheid, als die te veel op zichzelf is geconcentreerd, dat je je intuïtie niet de ruimte kunt laten, die de toegang tot fijnere waarnemingsvormen mogelijk maakt, en je dichter brengt bij de kern van de dingen. Wees daarom "toegeeflijk" en begripvol, als je merkt dat je ontspoord bent tot overdreven neiging tot kritiek, die jou zelf en anderen schaadt. Kritiek is een oordeel dat je niet toekomt, een barrière die je opwerpt tussen jou en het goede inzicht. Houdt daarom je geest open, en vergeet niet, bij je poging jezelf te verbeteren, dat de ogen van de wereld niet dezelfde zijn als de ogen van de Schepper."

–26–
WHISPER

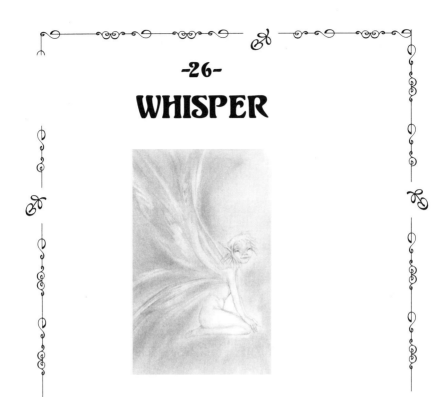

"Met hoeveel ten toon gespreide toegeeflijkheid
beoordelen wij de argeloosheid van een kind
dat voor het slapen gaan
een kusje naar de sterren stuurt.
Jammer, dat wij nooit onze blik omhoog heffen
om het zachte antwoord op die kus te zien."

BETEKENIS: De woordelijke betekenis van Whisper is *'Fluisteren'*. Onze opstandige geest is gemakkelijker door fluisteren te overtuigen dan door een bevelend gebaar. Gefluister dringt zachtjes door tot de geest, zonder het hart te laten schrikken. Zijn boodschap kan de barrières van de geest gemakkelijker slechten en direct tot het bewustzijn doordringen.

HERKOMST: In milde voorjaarsnachten, als de helderder wordende hemel de opkomst van de maan aan de horizon aankondigt, kunnen we, als we veel geluk hebben en goed opletten, buiten in het veld een klein lichtpuntje zien dat voor ons uit huppelt.
Dat is Whisper die daarheen komt en met de avondwind speelt. Zij en haar zusters zitten elkaar achterna en cirkelen door de lucht. Hier en daar brengt dat een plotselinge werveling teweeg, maar die is ook meteen weer verdwenen. Alleen de echo van hun vrolijke lach blijft achter.

BOODSCHAP: "Mijn taak is het jouw kinderlijke hart te wekken, en het zoete liedjes toe te zingen, terwijl jij vrolijk ligt te slapen. Elk van die liedjes fluistert geheimzinnig van een wereld van ongelooflijke schoonheid, waarin alle levende wezens dezelfde taal spreken. Daar kunnen allen elkaar zonder uitzondering verstaan. Er is geen onderscheid meer. Deze wereld is de droom die je vergeten bent. Vergeten toen je nog een kind was, toen je nog lachte in je dromen, en in een zwijgende dialoog, die jullie wezens op een dieper niveau met elkaar verenigde en een contact tussen jullie tot stand bracht, met de dieren kon spreken, met de bloemen, de bomen, de maan of de sterren. Je kunt ook nu nog deze eenheid terugvinden, als je dat kinderhart weer opnieuw kunt wekken. Dat is blijven steken in de tijd, om naar het fluisteren van de dingen te luisteren. Het simpele hart van dat "speciale" kind kende het geheim, het punt van eenwording van alle levende wezens, het toverwoord dat de kern van alle dingen kent - de taal van de universele liefde. En in de herinnering aan die taal, die ook jij eenmaal kende, zul je dat kind terugvinden, dat volledig aan het leven deelnam, zijn geur opsnoof, zijn smaak proefde, en vrolijk en vol vertrouwen de toekomst tegemoet ging."

AANBEVELING: "Misschien heb je al eens de ervaring gehad in een vreemd land in de vervelende situatie te zijn, dat je met niemand kunt praten omdat je de taal niet kent. Een beetje gefrustreerd grijp je terug naar gebarentaal, om contact te maken met je gesprekspartner. Misschien heb je je ook al vaak afgevraagd waarom er zoveel talen zijn, terwijl het zoveel eenvoudiger zou zijn als we allemaal zonder moeite met elkaar konden spreken. En toch, deze begrenzing is slechts een schijnbare scheiding. Want de echte scheidingen tussen mensen, en tussen mensen en de wereld liggen veel dieper. De universele liefde is de magie, die de zielen van alle begrenzingen bevrijdt. Dan ontdekken zij dat zij elkaar kunnen verstaan, dat ze geen woorden nodig hebben, en dat ze elkaar in de korte tijd van een glimlach in de armen sluiten. En de zielen van alle levende wezens kennen deze "geheimzinnige taal". Deze met elkaar te delen is een gebaar, dat hen tot een bondgenootschap voert, slechts gekend door het zwijgende hart. Deze "magische energie" is over de hele wereld bekend. Hierin bestaat geen cultureel onderscheid. De energie van deze taal kun je je gemakkelijk aanleren en doorgeven, als je wilt. Dan kun je het gesprek weer opnemen dat je als kind hebt afgebroken, nu echter met je bewustzijn van nu. En dan kun je gaan babbelen met een boom, of met het gras dat je voeten kietelt als je met blote voeten over de wei loopt; of met de maan die glimlachend aan de horizon opduikt of met wat jij voor een hagedis houdt. En ook zul je iemand die in stilte lijdt, en die in jouw ogen slechts een klein oplichten zoekt, een glimlach schenken."

DE KOBOLDEN

-27-
WILLY-NILLY

"De klank van het beekje,
zijn murmelende stem,
zijn frisheid
en doorzichtigheid
maken het hart vrij.
Luister.
Hoor je niet hoe het lacht?"

BETEKENIS: De woordelijke betekenis van Willy-Nilly is *'Goed of kwaad'*.
Soms gaan we als kleine kinderen dwars liggen bij een probleem, dat met een beetje goede wil gemakkelijk zou kunnen worden opgelost. Achter de koppige houding die we in dergelijke situaties aannemen, ligt in werkelijkheid onze frustratie verborgen, dat we onze zin niet kunnen krijgen, of dat wij feitelijk helemaal het recht niet hebben, dat wij tot elke prijs lijken te verdedigen. De dingen zijn niet altijd zoals wij dat zouden willen. Dat moeten we tenslotte zo goed en zo kwaad als we kunnen accepteren.

HERKOMST: Hij leeft in groepen met zijn soortgenoten, ver weg van de "dorpen" van de mensen, want hij geeft de voorkeur aan het vriendelijke gezelschap van de boswezens. Als hij zijn clan verlaat, dan is dat hoogstens voor een kort uitstapje naar de stad, waar hij graag de gewoonten van de mensen gadeslaat. Soms besluit hij om wat langer in de nabijheid van mensen te blijven. Daarvoor heeft hij dan een speciale reden.

BOODSCHAP: "Mensen discussiëren graag met elkaar. Dat doen ze vaak, bij alle mogelijke gelegenheden. Wij hebben de indruk dat deze bezigheid hun veel genoegen verschaft. Zij discussiëren en maken zich druk over dingen die wij niet begrijpen. En het genoegen dat zij daaraan beleven, in zover dat überhaupt echt is, vinden wij echt vreemd. Zelfs in hun innerlijke dialogen ontstaan heftige discussies met een ander "innerlijk zelf", dat meestal heel eigenwijs en star is. Als zij in een gesprek ruziën, dan proberen de mensen in werkelijkheid vaak alleen maar hardnekkig hun eigen mening door te drukken. Wij vinden deze manier van met gedachten omgaan tamelijk beperkt, want de energie wordt erdoor geblokkeerd, en hun ware bedoeling blijft onbegrepen. Bovendien kunnen de gedachten, als zij niet meer vloeiend in elkaar overgaan, niet getransformeerd worden en zich niet tot verdere nieuwe ideeën ontwikkelen. De energie waaruit gedachten bestaan, kan alleen dan vrij stromen, als de muur van de trots is neergehaald, en er tussen de personen de bereidheid bestaat om te luisteren, vriendelijk en met respect, daardoor kan een beter begrip ontstaan. Dus als ze bereid zijn elkaar zonder gevoel van wedijver of concurrentie in de ogen te zien, en niet alleen de grenzen, maar ook de wereld van de ander te erkennen."

AANBEVELING: "Na een heftige discussie kan het gebeuren, dat je je gefrustreerd voelt, ontmoedigd en teleurgesteld door de inmenging van je gesprekspartner. En waarschijnlijk zit je kwaad te broeden over dat je niet in staat was je te handhaven, en ben je nog een tijd bezig met het doffe gevoel van een nederlaag. Star vasthouden aan je eigen ideeën is vaak je reinste oorlog! En de "overwinning" op je tegenstander is alleen maar tijdelijk, in wezen ben jij immers niet anders dan hij. Het is goed om je ideeën uit te dragen, maar vaak doen wij dat op de verkeerde plaats en het verkeerde moment. In plaats van ze simpel uit de doeken te doen, dringen we ze vaak aan anderen op. Dat doen we misschien omdat we onze onzekerheid willen verbergen. Of misschien omdat we ergens voelen dat dat idee of die mening, die we zo hardnekkig of soms ook arrogant willen doordrukken, zwakke plekken heeft. Toch kunnen we best bij onze mening blijven zonder gelijk te gaan schreeuwen. We kunnen van binnen een idee uitwerken, en kijken hoe juist dat is, en hoe dicht dat bij de waarheid komt. We kunnen zelfs ons eigen idee worden, en dat dan in ons laten werken. Zo kunnen we ons ontwikkelen en veranderen, als we onze houding, ons zijn en onze kijk op de wereld daaraan aanpassen. Zo'n idee wordt sterk, omdat dat volkomen overeenstemt met onze houding, onze woorden en onze gevoelens, en omdat we ons in overeenstemming met ons denken gedragen. En op een goede dag zullen we merken, dat we niet meer lijden aan gekwetste trots, en dat we meer begrip en misschien ook wat meer liefde voor onze naasten hebben gekregen. Dan zullen we in staat zijn om de eerste stap naar de ander te zetten, we zullen guller zijn met woorden en met een glimlach, en minder de neiging hebben om onze mening te verkondigen."

-28-
WIDE AWAKE

"Neem me in je armen
en geef me vleugels
om boven de nevelen uit te vliegen.
Mijn ziel is als een wolk,
zij kent de blauwe hemel,
die op haar wacht."

BETEKENIS: De woordelijke betekenis van Wide Awake '*Wakker, waakzaam*'.
Oplettend zijn en je voor de dingen interesseren, zonder je daarmee te identificeren, dat schept de juiste afstand, die ons veroorlooft waar te nemen zonder te oordelen, terwijl we tegelijkertijd het vermogen hebben, ons zelf te zijn. Dat betekent wakker zijn en bereid om te handelen, bijna voordat degene die een beroep op ons doet zelf de behoefte voelt opkomen.

HERKOMST: Van de warme, zonnige open plekken, die tussen de bergen liggen van bepaalde streken in zuidoost Europa. Van plaatsen waar lawaai onbekend is en waar slechts de harmonische stemmen van de natuur weerklinken.
Als we uit de halfschaduw van een bos naar buiten komen, kan het gebeuren dat we verwonderd en gefascineerd de "schone eenvoud" van een open plek zien die plotseling voor onze ogen verschijnt.
We hadden net nog te kampen met een wirwar van struiken, die hier en daar onze weg versperden. Daardoor lijkt deze plek zonder bomen des te groter.
Het onverwachte zonlicht maakt dat we onze ogen dichtknijpen, om ze tegen het felle licht te beschermen, en om ons op dit nieuw soort landschap in te stellen, waar het leven zo heel anders is dan het geheimzinnige leven van het bos. Het panorama voor onze ogen lijkt vrolijk en speels, het lacht ons zachtjes toe. En toch heerst er overal stilte."

BOODSCHAP: "Ik zou je van de stilte willen vertellen, en van het rijk van de stilte, dat zich uitstrekt aan de andere kant van de drukte en het lawaai, aan de andere kant van het onophoudelijke geruis van gedachten, die elkaar zonder onderbreking opvolgen en zich opstapelen. In werkelijkheid bestaat er geen geruis dat de muziek van het leven onderbreekt, zelfs niet het geruis dat wij voortbrengen. Laten we daarom plaats maken voor het luisteren, en naar een plek gaan waar onze zintuigen ruimer kunnen worden. Ik zou je willen helpen de stilte terug te vinden, de behoefte daaraan in jezelf te herkennen, terwijl de ziel ontwaakt in haar onbewolkte rust. In de stilte kun je, als je goed luistert, de talloze fijne

kleine stemmetjes van alle dingen horen.
In deze stilte kunnen we de hartslag horen van degene die ons dierbaar is, en hoe deze persoon "achter de woorden spreekt", en ons zijn of haar waarheid onthult."

AANBEVELING: "De stilte is een "plek", die zich in de grenzeloze ruimte uitstrekt. Deze is duidelijk zonder grenzen, en beangstigend als niet jij hem zoekt, maar hij naar jou toe komt, als je even zijn stem hoort die jou roept.
Het lijkt alsof je de stem, die zoveel angst in je oproept, niet kent. Op deze plek zul je jezelf tegenkomen. Is dat het waar je voor wegvlucht?
Toch spreekt je hart op deze plek tot je. Het kan je vertellen wie je echt bent.
Waar ben je bang voor?
Als je tot dit oord van de stilte weet door te dringen, zul je ontdekken dat je je met een nieuwe onbekende kracht eraan kunt overgeven. Je zult de levendige ervaring leren kennen, dat je dorstige ziel als met kristalhelder water wordt gelaafd. Geloof je niet dat het moment is gekomen om alles "zachter te zetten"?
Ook al is het moeilijk, toch moet je temidden van de drukte van je alledaagse leven de stilte ruimte laten winnen en zichzelf in jou laten herkennen. Waar mensen leven is er geen plek meer, en ook geen moment in de loop van de dag of van de tijd, waarop men het ruisen van de bladeren in de wind zou kunnen horen, of het zachte kraken van een boom, die in zijn groei zijn takken naar de hemel strekt."

-29-
WIMBLE

"De zon, de hemel, het blauw boven de bergen
en de heerlijke rozegouden wolken.
Het bos. Het ruisen van het bos.
Een zacht windje doet de droge bladeren
van enkele bomen ritselen.
In de lucht het gezoem van ontelbare insecten.
Het gezang en getjilp van de vogels.
Een buizerd in duikvlucht.
De geur van kruiden en natte aarde.
Vlakbij ruist een beekje.
Dat is het universum, dat ben jij,
dat zijn wij samen."

BETEKENIS: De woordelijke betekenis van Wimble is *'Actief, beweeglijk'*.
De beweeglijkheid waar de naam op duidt, is niet zozeer lichamelijk als wel geestelijk. Dus het geestelijke vermogen om actief, altijd bereid te zijn en daarmee open en flexibel te blijven, als het erom gaat de grote sprongen te maken, die vaak nodig zijn om hindernissen die ons op de proef stellen te overwinnen.

HERKOMST: Wimble leeft in een dimensie, die wij alleen kunnen waarnemen als we in staat zijn de stemmen van de dingen om ons heen allemaal tegelijk te horen, maar ook elke stem apart. Als we begrijpen dat we daar zelf een onderdeel van zijn, niet meer afgescheiden, een onderdeel dat deelneemt aan dat moment waarop het "nu" ruimer wordt, ons geheugen wordt opgefrist en we de smaak van de eeuwigheid proeven.

BOODSCHAP: "Wat maak je jezelf wijs over de zin van het leven, als je zo zonder onderbreking met denken en werken ingespannen bezig bent, zonder die vlucht te kunnen stoppen, waardoor je ieder ogenblik en ook de toekomst met angst tegemoet ziet? Deze stormloop, die de kinderlijke gretige nieuwsgierigheid en levensdorst heeft veranderd in de mechanische haast van onze tijd?
Vind je dat je bewustzijn daardoor gerustgesteld of verzadigd wordt? In de tijd echter, die jij almaar achterna loopt, ligt ook de tijd van de oden aan het leven. De zwaluwen zingen een loflied terwijl zij elkaar speels achterna zitten in de lucht. Zij vinden de tijd in de vliegende tijd. En het is niet zo, dat de zin eraan ontbreekt, als zij door de lucht vliegen en zich door de wind laten dragen. Hun getjilp klinkt gelukkig en tevreden als het lachen van kinderen. Woorden zijn niet nodig, want vragen zijn overbodig.
Kijk hoe de kleuren bij de regenboog horen, de waterdruppels bij de oceanen, of de zuurstofmoleculen bij de lucht. Houd eens een ogenblik je pas in en luister. Luister naar de klank, die van de ziel komt en die op dit moment je ziel iets in het oor fluistert.
Hoor de muziek in de hevige wind, de stem die vibreert in het stromende water, het fladderen van vleugels, het zachte lied van de bladeren, val-

lende sneeuw, het warme lied van de zon, het ritme van je ademen, de klank van iedere kleur. En de tijd zal niet meer bestaan. Jij bent hier, dat is het enige dat telt. En in dit in waarde gestegen moment hoor je ook je hart, dat slaat in het hart van het leven zelf."

AANBEVELING: "Wat gaat er schuil achter je haast om de toekomst te bereiken? Vaak zit achter drang om hard te lopen de opzet om niet naar de zin van het leven te hoeven vragen.
Soms openbaart de toekomst die jij voor je ziet zich als een drogbeeld, waaraan je kunt zien dat je een illusie nagejaagd hebt.
Waar is je eerdere zorgeloosheid gebleven? Of zeg je tegen jezelf, dat je geen tijd meer hebt voor zulke "kinderachtige dingen"?
Alleen die tijd is verloren tijd, waarin we onze ziel niet de ruimte laten om van het geschenk van het leven te genieten. Een leven dat uitgedrukt wordt in vreugde, schoonheid en liefde. Een prachtig leven, ondanks alles. Een leven, waarin de ziel besloten heeft dat te erkennen, want ze wil vrij zijn."

-30-
FORELOCK

"Neem een slokje uit de beker die ik je aanreik.
Die bevat de nectar van de vreugde,
die zielen verenigt in een dialoog van de liefde.
Geen enkel slokje daarvan
mag zonder reden vergoten worden,
want deze drank bezegelt het verbond van eenheid,
de eeuwige vriendschap met het leven."

BETEKENIS: De woordelijke betekenis van Forelock is *'Krul, plukje haar'*.
In overdrachtelijke zin betekent zijn naam "bliksemsnel opvangen" of "van de gelegenheid gebruik maken". Dat veronderstelt natuurlijk, dat wij in staat zijn deze gelegenheid in de wirwar van verleidelijke uitdagingen te herkennen. Vaak brengen die verleidingen ons, als ze opduiken, van ons pad af. Gelegenheden zien er niet altijd zo uit als wij verwachten.

HERKOMST: Er wordt verteld dat deze kobold vaak in oude, intussen verlaten vossenholen woont, of ook wel samenleeft in een warm comfortabel hol met een hazenfamilie, die, hoewel talrijk is, toch graag haar ruimte met hem deelt. In bepaalde streken in het noordwesten van Europa zegt men, dat de hazen de dansen die zij in maart uitvoeren, van Forelock geleerd hebben. Hij is een sierlijk danser, en wilde daarmee waarschijnlijk iets terug doen voor hun gastvrijheid.

BOODSCHAP: "Op sommige momenten van verdriet vraagt het lijden om een antwoord, dat echter niemand geven kan. In zulke situaties kan geen woord en geen gebaar je troosten. Want in het lijden dat je doormaakt ligt de onrust van de ziel die naar zichzelf op zoek is. Je probeert koortsachtig de angst te verminderen die je overvallen heeft, en je los te scheuren uit je spinnenweb van de twijfel, waarin je je gevangen voelt. In werkelijkheid echter ben je ver weg gevlogen, naar een plek waar niemand je hoort roepen, waar niemand de machteloze, opstandige tranen ziet, die over je wangen rollen. Toch is er in zulke situaties een middel dat je kan troosten, en je opstandige, verwarde gevoelens tot rust kan brengen. Moeder Aarde deelt deze geneesmiddelen grootmoedig uit. Het recept kunnen we vinden in ieder blijk van oneindige liefde, de leverancier van het ontbrekende element, en de oplossing voor dit ogenblik. Je kunt om deze geneeswijze lachen, of die te eenvoudig, vanzelfsprekend of nutteloos vinden. Intussen ben je helemaal gewend aan medicijnen die je regelmatig moet innemen, en je verwacht dat anderen je brengen wat je genezen kan. In werkelijkheid echter kan alleen jij jouw weg vinden. Het "medicijn" dat de aarde je aanbiedt, vraagt allereerst je actieve medewerking, en een groeiend vertrouwen in de stemmen van de bomen, de regen, de wind, of een dier dat plotseling in het bos opduikt. Je kunt luisteren naar wat zij je te zeggen hebben. Deze stem zal tot je ziel spreken door zich te veranderen in intuïtie, en zo zul jij de weg vinden en de moed om weer een stukje verder te gaan."

AANBEVELING: "Lijden betekent afgescheiden zijn. Het is de enige eenzaamheid, waarin wij soms vrijwillig in vluchten, zolang we het kunnen uithouden. En zolang we in de afscheiding volharden, zal er geen troost voor ons zijn. Met een beetje wilsinspanning kunnen we ons echter losmaken van de valse waarneming, die ons verdriet ons voorspiegelt. Dan kunnen wij in de stilte van ons hart om hulp vragen. In de natuur komen onvoorstelbare energieën en krachten voor. Als we ze goed observeren, en afstand nemen van de onverschilligheid waarmee de mensen er gewoonlijk naar kijken, dan zullen we ontdekken dat God in dit rijk alle antwoorden op onze vragen heeft neergelegd. Alles in de natuur spreekt van eenheid, betrokkenheid, evenwicht, deelname en uitwisseling, van continuïteit, transformatie, voeding en genezing. De schepselen van deze wereld, die ons vaak zo ver weg lijken, zouden onze metgezellen kunnen worden op de weg die wij gaan. Zij zouden de antwoorden kunnen geven op onze roep om hulp. Want zij kunnen de verbinding openhouden die er tussen ons is ontstaan, en die het ons mogelijk maakt de stille dialoog voort te zetten. Voor het ogenblik is het genoeg om te "voelen", en weer te weten, dat de vreugde die de spirituele dialoog met de natuur ons weer gegeven heeft, heel gewoon is. Het is net een wonder. Vaak hebben kleine tovermomenten grote wonderen tot gevolg."

-31-
ALLOW

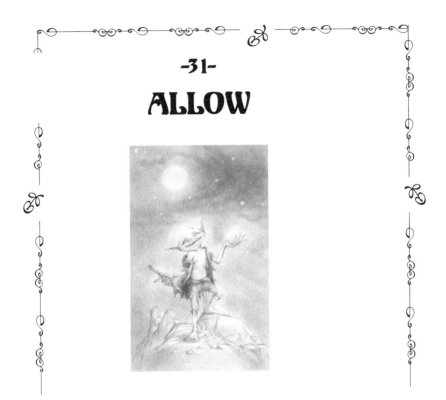

"Uit de stilte van je hart,
dat lang onbewegelijk en in gedachten bleef,
zullen kleuren voortkomen,
en daaruit weer klanken,
die dansend in het universum zullen worden verstrooid.
En jij zult midden in die muziek zijn,
jouw sprookje zal beginnen
als je wilt.
Je hoeft niets anders
en niets heerlijkers te doen
dan te leven."

BETEKENIS: De woordelijke betekenis van Allow is *'Toestaan'*.
Als het verstand geen weerstand meer biedt en zich aan de innerlijke stem toevertrouwt, dan ontstaat uit dit schijnbare afstand doen van iets een ongelooflijke kracht. Dan pas, en alleen dan, doet deze kracht het hart zijn licht uitstralen.

HERKOMST: In heldere nachten, als het door maanlicht beschenen landschap baadt in zilver licht, maakt deze vriendelijke zachtmoedige kobold zijn eenzame wandelingen. In deze toverachtige atmosfeer schrijft hij geïnspireerde liederen. Hij zingt die met warme, gevoelige stem, waarbij hij lieflijke klanken ontlokt aan zijn fluit. Allow zingt voor alle gevoelige, schuchtere mensen, wier hart vol is van tederheid en liefde voor de mooie dingen van het leven, maar die dat niet durven uiten, niet eens voor zichzelf. Zij zijn overtuigd van hun onvermogen om datgene tot uitdrukking te brengen wat hun hart, dat geen aandacht krijgt, hun zeggen wil.

BOODSCHAP: "Voor jou, lichte geest met gevleugelde voeten en de wondere droom van het leven in je hart, maar waarvan je de werkelijkheid niet tot expressie kunt brengen. Vagebond met je lachende ziel, nieuwsgierige, schuchtere minnaar. Voor jou, danser en muzikant, zwierig en vol capriolen, die op je tenen probeert tot de menselijke ziel door te dringen, om een kus zou willen vragen, om liefde, maar die niet durft te vragen. Voor jou, die de lieflijke klanken en stemmen hoort uit de verre stilte, die je verloren werelden voorstelt waar alle ruimte zonder grenzen is. Ontheemde zeeman, zonder thuisland, op zoek naar het land van je dromen, ik zou je land willen bieden aan de horizon. De bodem waar je aan land moet gaan: je hart. Er bestaat geen eiland dat nog zo zeer onbekend is. Alles wat je hier ervaart komt uit jouw hart. Het is zijn stem die je hoort, zijn geur die je ruikt. Zijn ogen kijken jou in de ogen, en zij kijken in je ziel. Ik kan je alleen het verlangen schenken. De vervulling ervan hangt van jou af, als je het wilt. Als je het alleen maar echt wenst, zul je daarin de moed vinden om je hart te verkennen, en naar hem te luisteren."

AANBEVELING: "Er ligt iets heel bijzonders in jou besloten, als een parel in een mosselschelp. Dat wacht op een gelegenheid zijn schoonheid te laten zien. Merkwaardig genoeg verschuilt de parel zich in een onopvallende mosselschelp. Het is niet het uiterlijk dat de waarde van de inhoud bepaalt. Dat weet je wel, want soms ga je zelfs zo ver, dat je wegvlucht van alles, wat op jouw aanwezigheid kan wijzen. Na een tijdje echter krijgt het uiterlijke aspect de overhand, en je gaat je steeds onzekerder voelen. Elke keer als de buitenwereld van je vraagt jezelf te laten zien, ben je bang met de werkelijkheid geconfronteerd te worden. En je acht jezelf niet in staat je innerlijke wereld of datgene, wat je gevoeligheid je doet waarnemen, tot uitdrukking te brengen. Je denkt dat jouw gedachten zich niet met die van anderen kunnen meten. En toch is je innerlijke wereld vol gevoelens, die alleen maar wachten tot ze zich kunnen laten zien. Je fijngevoeligheid en je grote liefde voor het leven verbinden zich slechts in een wereld, die maar weinigen bereiken kunnen. In dit dromenrijk leven alleen de beelden, die jouw waarneming gecreëerd heeft. Maar het is niet een sprookjeswereld, die je moet creëren, om je schuchterheid te rechtvaardigen. Het leven bestaat niet alleen maar in jouw dromen. Je kunt het tot expressie brengen met dezelfde creativiteit, die je nu alleen voor jezelf reserveert. Het geheim ligt waarschijnlijk in het je overgeven aan die wonderbare wereld, die je overal om je heen voelt kloppen, en het toelaten dat die werkelijkheid wordt.. Misschien zie jij dingen die anderen niet zien. En je zou hen op een door jou zelf gekozen manier kunnen helpen, gewend te raken aan een subtielere en innerlijke visie. Probeer niet nog eens duizend redenen te vinden om te weigeren. Wat is een parel, als er niemand is die toevallig, of uit nieuwsgierigheid of om welke reden dan ook de mossel opent?"

-32-
TIEGEL

"Onhoorbaar geheimzinnig gefluister
kijkt met wijd opengesperde ogen
naar de ogen van de wereld.
In dezelfde zee aaneengesmeed,
ervaren we de golf van het ontstaan
en zijn schijnbare terugkeer,
de vergankelijkheid van de tijd
en het eeuwige nu,
het begin en het einde
in de curve van dit ogenblik
en in de deining van de oceaan
de volheid van het bestaan."

BETEKENIS: De woordelijke betekenis van Tiegel is 'Potje, (smelt)-kroes'.
De betekenis van de naam is waarschijnlijk veranderd in de loop van de tijd. Mogelijk duidde hij oorspronkelijk eerder op een ronde kom, bijvoorbeeld een beker. Dit beeld is ook daadwerkelijk meer in overeenstemming met de betekenis van overvloed, van bloei en gaven.

HERKOMST: Lang geleden gingen de mensen, samen met de aarde, mee met de adem van de jaargetijden. Zij zagen in hun transformatie het geheim van het leven zelf. Zij erkenden de jaargetijden als symbool, en tegelijk als gelegenheid tot vernieuwing en innerlijke verandering. De lente luidde een nieuwe cyclus van geboorte in. Aan dit heilige opnieuw ontwaken nam ook de ziel van de mensen deel. Sedert die grijze oudheid heeft Tiegel samen met de mensen de terugkeer van de lente gevierd, door deel te nemen aan de vrolijke feestelijke dansen ter gelegenheid van dit gebeuren.

BOODSCHAP: "Mijn stem zal als een vrolijk lied tot je komen. Zij zal als een fijne weldadige motregen zijn, waar je al zo lang op wacht.
Het is het langverwachte ogenblik van de komst van de lente na een lange periode van slapen. Het is het ogenblik van het lichtembryo, de knop in jou, die terwijl je sliep, op dit moment heeft gewacht.. Het moment nadert van de geboorte van een nieuw wezen, dat een vernieuwd bewustzijn heeft en een beetje meer zichzelf is. Ik breng je de aroma van het leven, dat in je wacht om geroepen te worden, om je dan rijkelijk met geschenken te overladen. De zon is zojuist opgegaan aan een heldere hemel.
Een onhoorbaar gefluister doet je hart ontwaken, en de gedachte om je te verliezen in fantastische drogbeelden verdwijnt. Je blik gaat naar de horizon, je oor luistert gespitst, je reukzin ruikt frisse geuren, je huid neemt de frisse lucht in zich op. Harmonie verbindt ons met de schepping, in volkomen overeenstemming met het leven.
Elk van onze atomen is een universum in het universum.
Over alle rationele verklaringen heen nemen wij de synchroniciteit van alle dingen waar, die in ons leven, in hetzelfde nu, de versmelting van zijn

en worden, in verval en terugkeer.
De blijde vreugde van de transformatie verenigt ons over alle verklaringen heen, in de zekerheid, die de grote Waarheid het hart geeft. De zintuigen volgen voortaan de ziel, die zich met lichtheid omhoog wendt, om datgene te horen wat het oor niet kan horen, en de waarheid te bezingen die met geen woorden te beschrijven is.
Aan de andere kant van de sluier der illusie ligt onze ware essentie, die ons in een kosmische omarming met de dans van Licht verbindt. Terwijl op het moment dat we dit denken de nog bleke morgenhemel wacht tot de opgaande zon haar met blauw overdekt."

AANBEVELING: "Kijk aandachtig naar alles wat er in de lente gebeurt. Hoe alles aan deze verandering van de aarde deel heeft, aan deze heilige vernieuwing van het leven, elk wezen, elk schepsel. Wat een beweging, wat een explosie van kracht, wat een vreugde, wat een licht. In het kleine knopje ligt dezelfde onstuimige energie van vuur, die ook uit een vulkaan naar buiten komt. Dat is de kracht van de actie. Blijf nu eens even niet staan om naar concepten te zoeken, of te rationaliseren wat tot nu toe alleen je hart kan kennen. Laat je gevoelens je vertellen wat je ziet, laten zij de weg volgen die door je hart geopend is, en keer je niet zinloos om. Je hele verleden ligt in de wereld der dromen. En toch is elk moment dat je geleefd hebt een deel van jou. Laat het resultaat van elke doorleefde ervaring, laat alles wat je geleerd hebt, met je meegaan. En zet dan vol vertrouwen je reis voort, bekleed met licht."

-33-
JACQUES SOURIRE

"Je houdt me voor de gek
met je spottende glimlach,
met de duizend verhalen die je tevoorschijn haalt,
terwijl je je met zilver bekleedt
en dat weer aflegt
en danst aan de nachtelijke hemel."

BETEKENIS: De woordelijke van Jacques Sourire is 'Jacques Glimlach'. Soms kunnen wij in de ogen van iemand die ons aankijkt een spottend lachje ontdekken.

HERKOMST: Uit de bossen in het westen van het tegenwoordige Frankrijk. Zijn mollige lichaampje herbergt een goedmoedig karakter met een groot gevoel voor humor. Daarmee wijst hij op de komische kant van de dingen. Hij heeft een klein foutje - ook al zou hij dat zelf niet zo noemen - hij heeft een uitgesproken voorliefde voor het verzamelen van kleine dingen, die de mensen nodig hebben. Het gaat om dingen met een geringe waarde, die men vaak vergeet of ergens verliest.
Jacques Glimlach bewaart zijn "schatten" in kleine hier en daar verspreide schuilplaatsjes, bijvoorbeeld in verlaten holen of een holle boom. Naar dit soort dingen is hij altijd gretig op zoek, ook al zou hij dat nooit toegeven. Soms gaat hij zelfs zover, dat hij de huizen van mensen een bezoekje brengt. Dit is de verklaring voor het: geheimzinnig verdwijnen"van kleine dingen, wat ieder van ons soms overkomt.
Tenslotte zijn deze dingetjes zijn "toneeltrucjes", waarvan hij zich met veel fantasie bedient. Hij voert er oerkomische komedies mee op, en daarvan heeft hij een heel repertoire. Als meester in zijn kunst kan hij je dat hartelijke lachten leren, dat opborrelt als een bergbeekje, en dat onstuitbaar als een waterval naar buiten komt, om dan rondom in echo's uiteen te vallen.

BOODSCHAP: "Ook al lijkt het in jouw ogen een ijdelheid van mij, toch is het echt mijn taak een glimlach te suggereren daar waar die ontbreekt. Om een al te grote spanning te verminderen, en vooral om de mensen te leren de scherpe kantjes van een moeilijke situatie af te halen. Hoe vaak raken jullie mensen niet de weg kwijt in kronkelende labyrinten, en vergis je je in al die kronkelwegen, waar jullie alle zorgeloosheid en kleuren uit verbannen hebben.
Het leven is geen eindeloze stoet van treurige gebeurtenissen, een lange processie van tragedies, een eindeloze verzameling van zware, taaie drama's. Veeleer breidt het leven zich wonderbaarlijk uit in veelkleurige spiralen, die zich naar boven kronkelen. Je hoeft je standpunt maar een

klein beetje (het punt waar je staat) te veranderen om de dingen anders te zien. Daarom zou ik je willen helpen om een beetje minder saaie en treurige kleding aan te trekken als je de neiging hebt te dramatiseren en je ontzettend met jezelf te doen hebt. Ontfutsel je hart het geheim van het lachen. Dan zul je merken hoe een nieuwe kracht je moed geeft. Misschien krijg je het zelfs voor elkaar om om jezelf te lachen en om je gezicht als een zuurpruim."

AANBEVELING: "Waarschijnlijk is er geen moment in het leven, dat we helemaal vrij zijn van het spelen van een rol. Integendeel, meestal spelen we zelfs meerdere rollen tegelijk. Iedere rol heeft een "draaiboek", waarin we, meestal onbewust, de ene keer de hoofdrol spelen, de andere keer een figurantenrol. In elk geval spelen we een rol, waarbij we maar al te vaak onszelf en onze innerlijke waarheid en de spontaniteit van onze gevoelens vergeten. En dan zijn we plotseling in stress of in een crisis. Dan moeten we een stap zetten in de richting van onszelf, maar hebben vaak moeite de "ingang" te vinden van onze eigen innerlijke wereld. Het is waar, het leven staat ons niet vaak een wapenstilstand toe, maar bombardeert ons met situaties, die niet altijd gemakkelijk beheersbaar zijn. En als we dan merken dat we moe zijn, dan vinden we het meteen moeilijk om objectief te blijven. En dus moeten we goed voor onszelf zorgen, moeten we leren onszelf aardig te vinden. Een beetje slecht voorbereid, maar vervuld met een fragiele hoop, wankelend, maar vastbesloten, gaan we dan op weg naar huis. Ironie, dus niet bijtend sarcasme, is een goede eigenschap van de geest. Zij kan onze neiging tot het theatrale, tot het eeuwig heen en weer geslingerd worden tussen tragedie en komedie, op een open, maar fijnzinnige manier ontmaskeren. Ironie komt in ons naar boven als de dingen om ons heen al te ernstig lijken te worden.
Jezelf ertussen kunnen nemen helpt ons, om ook onze zwakke kanten vanuit een andere gezichtshoek te zien. Onszelf aardig vinden kan betekenen, dat wij onszelf accepteren zoals we zijn, inclusief fouten en ontelbare onvolkomenheden. We zijn in staat voor onszelf te werken aan het overwinnen van onze beperkende gevoelens en die te transformeren. Onze zwakke kanten kunnen onze sterke kanten worden, als we leren deze te zien als leraren in onze ontwikkeling, als we leren aan hun posi-

tieve aspecten te werken, en zonder verwikkeld te raken in een nutteloze oorlog daartegen. Dit gaat met name op, als we leren onszelf zo aardig te vinden, dat we onszelf onze fouten vergeven. En dan zullen we merken, dat het gemakkelijker is om te leren, hoe we het de volgende keer beter kunnen doen. We vinden het dan niet meer zo belangrijk dat we onfeilbaar lijken en anders dan we in werkelijkheid zijn.
En geleidelijk aan transformeren we steeds meer tot ons zelf."

-34-
GÜRTEL

"Laat mijn bevende oude hand
jouw jonge, opstandige hoofd strelen.
Je haar is zo rood als het vuur
dat brandt in je binnenste.
Neem voor de duur van een glimlach
het rustige licht van mijn blik over in jouw ogen
die al in de toekomst vliegen."

BETEKENIS: De woordelijke betekenis van Gürtel is *'Gordel'*.
De angst voor overvallen heeft ons ertoe gebracht ons bezit met grenzen te omgeven, om die te beschermen. Zo doen we met alles wat we hebben, niet alleen op materieel vlak. We maken een eindeloos aantal grenzen, waarmee we alles wat in onze ogen onmisbaar is "omgorden", en ons er aan vastklampen.

HERKOMST: Uit de ijzige, onherbergzame streken in het hoge noorden, die door de vele, plotseling opstekende stormen met sneeuw en ijs zijn bedekt. Als het milde jaargetijde komt, wordt het land bedekt met een tere mantel van mos en bonte bloemen. Gürtel is een natuurgeest van een liefdevol en wijs wezen. Zijn gezicht met duizend rimpels zou van een moe, berustend oud wezen kunnen zijn, als hij niet die lieve open glimlach had, die zo vaak om zijn brede mondhoeken speelt. En ook heeft hij zo'n vriendelijke, begrijpende blik in zijn ogen, ogen als meren, die geleerd hebben toegeeflijk te zijn.. Hij loopt een beetje gebogen en kennelijk met moeite, alsof zijn rug na jaren van werken breekbaar geworden is. Maar deze houding verhindert hem niet bij gelegenheid zijn onmiskenbare, voor alle kobolden zo typische lenigheid te tonen. Als je hem bij zulke gelegenheden zou kunnen zien, zou je denken dat je de snelle bewegingen zag van een natuurgeest, die zich als een oud iemand had verkleed. Aan de andere kant is het zo, dat elke rechtgeaarde kobold op momenten van intense vreugde springt en radslagen maakt en ongelooflijke buitelingen. Zijn toegeeflijkheid voor de mensen doet een beetje denken aan een grootvader met zijn kleinkinderen, die hun verzet en hun vragen begrijpt, en tolerant is voor de levendigheid die bij die nog niet rijpe, impulsieve, maar ook mooie leeftijd hoort. Zijn ogen schitteren als hij lacht, en tegelijk straalt zijn stem een grote warmte uit.

BOODSCHAP: "Een helder, stil meer onder de lichte sterrenhemel. Het spiegelgladde water weerspiegelt het gezicht van de maan. Zijn licht speelt met de rietstengels aan de rand van het meer. Mijn taak is het je te helpen als de hemel plotseling donker wordt, en de ijskoude wind de vrede van het meer, dat je hart zo rustig maakte, verdrijft. Dat alles doet pijn. Op dit moment, vooral als het razen van de wind jouw roepen overstemt, moet je de moed vinden om trouw te blijven aan je hart. In verbinding te blijven met wat zijn stem je heeft geopenbaard, en zo dicht mogelijk bij de waarheid te blijven die je ziel ontdekt heeft. Geen storm kan van je wegrukken wat je in het licht veroverd hebt, zonder dat jij het wilt. Wees voorzichtig en soepel met het riet aan de oever van het meer en wacht - de maan zal opnieuw in het water van het meer worden weerspiegeld."

AANBEVELING: "De persoonlijkheid van de mensen lijdt vaak onder heftige impulsen en protesten. Bijna altijd wordt jullie lijden veroorzaakt door de onstuimigheid van jullie karakter. De angst dat de razende storm alles wat je bereikt hebt teniet zal doen, en je in één ogenblik van je totale veiligheid kan beroven, kan maken dat je de fout maakt je in de storm te storten. Je zou je dan in feite gaan meten met een kracht, waar niet tegen te vechten is. Dat geldt voor iedere storm die met meer of minder beroering door je leven woedt. De ware moed blijkt niet uit een blinde strijd, maar uit het vaste vertrouwen op het licht, dat ieder hart op zijn weg begeleidt."

-35-
GRUMBLE-BARRY

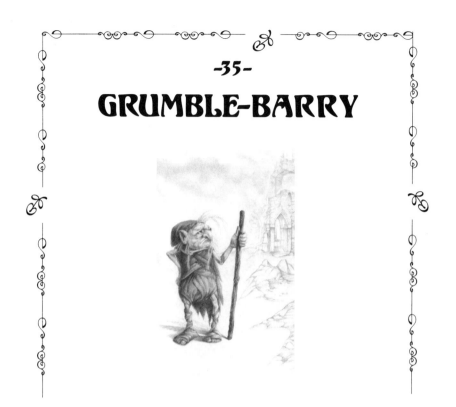

"Ik zal je de verhalen van de tijd vertellen.
Uit welke werelden haar moede schreden komen,
en waar ze lenig en gezond heen snelt,
als ze je met een glimlach de rug toekeert.
In haar ogen ligt de afgrond van de nacht,
en de onmetelijke glans van de dag.
Waarom heb je "gisteren" tot je thuis gemaakt
en de prachtige vleugels die zij je geschonken heeft,
buiten op de drempel laten liggen?"

BETEKENIS: De woordelijke betekenis van Gumble-Barry is '*Brom-Barry*'.
Sommige ietwat merkwaardige mensen met een gevoelige inborst geven er de voorkeur aan zich te verschansen achter een ruw, brommerig uiterlijk. Zij willen de ware natuur van hun goede, genereuze karakter niet aan het licht laten komen, omdat zij deze kwaliteiten als "zwaktes" beschouwen. Vaak zijn het juist deze mensen die, meer dan anderen, in staat zijn tot afstand doen van iets, en tot ongelooflijke opwellingen van tederheid.

HERKOMST: Brom-Barry is heel anders dan de andere kobolden. Men ziet hem in elk geval zeer zelden lachen of grapjes maken. Hij is tamelijk strijdlustig, en houdt er helemaal niet van gestoord te worden in iets waar hij mee bezig is. Hij leeft in de ruïnes van kastelen en abdijen. Maar veruit het meeste is hij te vinden tussen de geheimzinnige steenmonolieten van het zuiden. Hij trekt snel van de ene plaats naar de andere, waarbij hij in de kortst mogelijke tijd afstanden van vele kilometers aflegt. De enige mogelijkheid om je bij hem geliefd te maken is, hem de indruk te geven dat je niet uitkijkt naar zijn aanwezigheid. Hij kent onze behoeften heel precies. Je hoeft hem niet te roepen om zijn hulp te vragen. Waarschijnlijk komt hij brommend en pruttelend, als een kookpot op het vuur. Daar moet je maar overheen kijken, en hem zijn gang laten gaan. Zijn manier van doen is in feite maar schijn, een soort slechte gewoonte die hij niet kan laten varen. In werkelijkheid is hij een goedmoedige, weekhartige kerel, die uit alle macht alle schepselen verdedigt waarvan hij ziet dat ze in moeilijkheden zitten. Bovendien houdt hij niet van de overdreven hartelijkheid van de mensen. Heimelijk echter is hij heel blij met hun dank, en hij juicht van binnen van vreugde als hij een cadeautje krijgt. Hij zal dat echter ogenschijnlijk ongaarne en "alleen uit hoffelijkheid" aannemen.

BOODSCHAP: "Mijn taak is het je te helpen, door je stukje bij beetje zo ver te brengen, dat je over de drempel van je verleden heen stapt. Alsof je na eindeloos lang zoeken de uitgang hebt gevonden uit de wirwar van onderaardse gangen, waar je hulpeloos in ronddwaalde. Wat voor gewaarwording zou het voor je zijn als je blik zou kunnen gaan over een landschap dat zich voor je ogen uitstrekt tot aan de horizon? Wat voor een gewaarwording zou dat zijn voor je afgestompte zintuigen? Zou je gelukkig en nieuwsgierig op dit onbekende maar gastvrije land toegaan? Of zou de angst die je in het duister van je verleden hebt verstopt, weer de overhand krijgen? Doe je ogen eens dicht, en voel hoe de frisse lucht langs je gezicht strijkt, in je neusgaten dringt en je longen vult. Voel hoe de moed bij je naar binnen stroomt zoals deze lucht, die de stemmen van de zee, de rivieren, de bossen en de bergen met zich voert. Adem diep in en laat je hartslag rustig worden. En zie dan het licht dat aan de horizon verschijnt, om je de weg te wijzen."

AANBEVELING: "Misschien wordt het tijd, dat je je afvraagt, of je je verleden als excuus gebruikt om het op je nemen van verplichtingen en verantwoordelijkheid zo lang mogelijk voor je uit te schuiven. Je verleden is voorbij, maar jij koppelt je lot daaraan vast. Jij kunt beslissen of je de door jou gekozen weg, met andere woorden jouw leven hier en nu, volgen wilt. Doe dit niet af met het onder het kussen van de traagheid te stoppen, waarmee je alles naar morgen verschuift. Terwijl jij nog wacht, gaat het leven aan je voorbij. En de juiste gelegenheid, de bijzondere kans om buitengewone dingen tot stand te brengen, waarvan je zegt dat je daarop wacht, zou zich kunnen voordoen zonder dat je het merkt. Die gelegenheid ligt op de straat van het leven. En jij bent het die dat tegemoet moet gaan. Je bent niet op deze wereld gekomen om dingen achteraf te betreuren. Ga dus je leven verkennen, met enthousiasme, vreugde en met nieuwsgierigheid naar wat morgen komt. Dat zou tenslotte een wonderlijk avontuur kunnen zijn. Je levenslot is de grond waarom je hier bent. De grote "gelegenheid", die je ziel in deze tijd, in het leven dat je nu in handen houdt, ter beschikking staat. Ga stap voor stap verder, en de onzekerheden die in je hart opkomen, zullen geleidelijk aan niet meer in angst veranderen. Je zult merken dat de weg die je gaat de juiste is, omdat je in jezelf een bijzondere kracht voelt die je overeind houdt. Er zal een nieuwe zekerheid in je hart ontstaan, en je zult merken dat je niet alleen bent. Voel je als uitvinder van de wonderbaarlijke ontdekkingen die je onderweg doet. En blijf niet lang staan bij de fouten, die je schreden onderbreken. Die zijn ook nodig. Tenslotte gaat het er om dat je leert. Geloof me, de weg die je moet gaan, is bij elke schrede vol licht en liefde. Weer een stukje van de weg, die naar je doel voert."

-36-
STOW

"Glimlachend rijg je de een na de andere parel aaneen
waarmee je je borst wilt versieren.
Elk daarvan vertelt het verhaal
van het geduldige ontstaan
rond een zandkorrel.
Wees mooi en gelukkig
als je ze draagt."

BETEKENIS: De woordelijke betekenis van Stow is *'Opbergen, bewaren'*. Niet alleen mensen hebben de gewoonte iets te bewaren, een bepaald soort dingen zorgvuldig te conserveren. Sommige dieren leggen bijvoorbeeld voedselvoorraden aan voor tijden van nood. Misschien hebben wij ons deze gewoonte eigen gemaakt in een verleden, waarin het veel moeilijker was om te overleven.
Toch bewaren we tegenwoordig ook nog van allerlei dingen, we verzamelen ze en verstoppen ze. We verzamelen alles wat we belangrijk vinden, ook al zijn veel van die dingen in werkelijkheid onnodig en nemen ze veel ruimte in. Zonder die dingen zouden we ons verloren en onzeker voelen. Het is waarschijnlijk niet slecht af en toe eens na te denken over onze werkelijke behoeften. Misschien zouden we dan ontdekken hoe weinig we eigenlijk maar echt nodig hebben.

HERKOMST: Deze ogenschijnlijk ernstige, melancholieke kobold zwerft door de dichte wouden, waarin dieren platgetrapte paden tussen de begroeiing hebben achtergelaten. Hij sleept altijd een zak mee, en die lijkt leeg te zijn en licht. Dat leek tenminste zo voor degenen, die het geluk hadden hem even te zien te krijgen.
Zijn zak is zo licht, omdat die vol hele lichte dingen zit, die hij hier en daar opdoet: Afgedankte vlindervleugels, glimlachjes, vaak ook een lach, verse regendruppels, een blad, een sneeuwvlok, of door de wind afgewaaide bloemblaadjes.

BOODSCHAP: "Ik zou je echt graag willen helpen, de zware bagage die je op je reis met je meesleept, lichter te maken. Ik weet dat het moeilijk voor je is, en dat je er niet graag afstand van doet. Het is zo belangrijk voor je, dat ik geloof, dat je er een soort blij eigendomsgevoel aan beleeft zware stenen als souvenirs te verzamelen. En als ik het goed zie, dan zou ik zeggen dat je je zak vult met duistere, treurige gedachten, die door je hoofd gaan. Ik lach je niet uit. Maar ik zou je graag willen laten glimlachen, want ik kan je een geheimpje verklappen. Om dit geheimpje te weten te komen, moet je echter heel echt wensen, dat je de inhoud van je bagage kunt veranderen. Je moet bereid zijn de warmte van de innerlijk vonk terug te vinden. Dus als er een donkere wolk boven je hoofd naar beneden komt, dan kun je die wolk verdrijven voordat deze uitgegroeid is tot een massa onweerswolken. Als je je gedachten vastbesloten richt op het licht binnen in je, ook al heb je dat verborgen. Je hoeft alleen maar de "steen" in je zak om te wisselen voor vreugdevolle gedachten. De gedachten van vreugde zijn heel licht. En je zult verbaasd zijn over de macht die ze hebben. Ik wed, dat je er heel veel in je hebt als je daarnaar zoekt. En je zult verwonderd staan te kijken, als je dan op de bodem van je zak "alleen" dauwdruppels vindt, of vogelgezang, een zuchtje wind, wat morgenrood en een zonnestraal, een tedere kus en een liefdevolle streling."

AANBEVELING: "Hoe vaak heb je al gewenst dat je weg kon gaan, omdat je ervan overtuigd was, dat ook jij op een plaats ver weg, onder een andere hemel, anders zou zijn, en het leven eenvoudiger? Als je die ervaring al eens hebt gehad, dan weet je dat dat niet zo is. Maar dat de dingen die je wilde veranderen, je tegen je wil achterna gereisd zijn. Of je het nu leuk vindt of niet: alles wat je verzameld hebt blijft bij je als een trouwe vriend, die je altijd en overal volgt. En je hebt die zak vol met allerlei aspecten van jou, die je zou willen laten verdwijnen: situaties die je wilt veranderen en problemen die je wilt oplossen. Onze problemen komen vaak door onze geestelijke gewoontes. Als we eenmaal een standpunt hebben ingenomen, bergen we die op in ons "kaartsysteem" zonder ons verder nog bezig te houden met een beter gezichtspunt. We zouden ons bewust kunnen worden, dat wij ten opzichte van een bepaald soort "problemen" steeds dezelfde soort "gedachten" hebben. Als je probeert anders te denken, zul je waarschijnlijk gemakkelijker een oplossing vinden, of ontdekken dat vele zogenaamde problemen er eigenlijk geen zijn. De oplossing is dus niet, eens en voor al alle onaangename gedachten te verwijderen, waarbij je doet alsof ze niet bestaan. Zij zullen je vroeg of laat opnieuw komen lastigvallen. Het gaat er veel meer om deze gedachten langzamerhand door andere te "vervangen", met welwillendheid, en zonder haast. Je kunt beter je verstand en je hart openzetten, om een positieve houding te kunnen blijven houden. Dit laatste zal het je mogelijk maken over de grenzen van je problemen heen te kijken, naar de andere kant van de wolken, die je scheiden van de zon."

-37-
CRONY

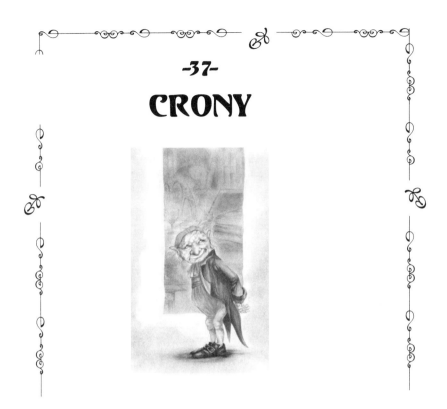

"Als je hart eens heel ver kon horen.
Als de geur van de roos
die ik voor je geplukt heb,
eens zo dicht bij je kon komen,
dat die je omarmen kan.
En als je ogen eens door haar schittering
konden worden aangestoken.
Kan ik met woorden haar schoonheid beschrijven
en jou die brengen - om het je te geven?"

BETEKENIS: De woordelijke betekenis van Crony is *'Oude vriend'*.
Een "oude vriend" is een onvervangbare metgezel, die vaak een stuk van de weg met ons meegaat. We vinden het niet moeilijk hem iets te vergeven, en van hem nemen we goede raad aan en soms ook een berisping. En met hem wisselen we vertrouwelijke dingen uit en een deel van ons hart.

HERKOMST: Anders dan vele andere natuurgeesten leeft Crony heel comfortabel in de huizen van de mensen. Maar die kiest hij wel heel zorgvuldig uit. Het lijkt alsof deze kobold een zekere voorliefde heeft voor de huizen van schrijvers, met name de schrijvers van fabels, van avonturenverhalen en fantasieverhalen. Maar of het nu om een schrijver gaat of niet, het is in elk geval zijn taak, bij de mensen meer aandacht te wekken voor het spraakgebruik. Hij zegt daarvan: "Ach ja, ze hebben het nu eenmaal nodig."
Vaak zit hij onzichtbaar op schrijftafels tussen stapels aantekeningen. Daar observeert hij nieuwsgierig de gedachten van de mensen, die als dunne rooksignalen het steeds veranderende ritme volgen van hun creatieve bewegingen.
Of hij wandelt al fluitend binnen in iedere onvermijdelijke wanorde, die je vaak bij kunstenaars vindt en hij loopt tussen alles heen en weer wat op de schrijftafel ligt.
Soms blijkt uit een glimlach de onbezorgde ironie van zijn humoristische geest, als de creatieve ader van zijn "beschermeling" zich gevaarlijk op zijwegen begeeft. Vele succesvolle schrijvers hebben, zonder het te weten, zijn wijze voorstellen opgevolgd. Zijn originele oplossingen hebben hen vaak geholpen de plotseling opkomende inzinkingen te overwinnen, waar een verhaal soms in vast kan lopen.

BOODSCHAP: "Ik zou je graag willen vertellen over de woorden, die de mensen zo gemakkelijk uit de mond laten komen en dat zij onderhand niet meer de nodige aandacht wijden aan hun taal. Ieder woord is als een pijl, die door de boog van de gedachten wordt weggeschoten. Maar wie ze afschiet is ook voor ze verantwoordelijk. Zodat ze niet als wilde paarden vrij alle kanten op stuiven, en in hun vaart datgene wat zij tegenkomen overhoop rennen. Woorden kunnen brengers zijn van vreugde en moed, zij kunnen hoop en liefde schenken. Maar zij kunnen ook angst en leed veroorzaken, en vaak blijven ze nog lang levend in het hart van degene die ze ontvangt.

Ze zijn de universele sleutels van onze gedachten. Het is de taal die onze gedachten tot uitdrukking brengt, en met elkaar in verbinding brengt. De taal laat onze gedachten manifest en actief worden.

Daarom moet ieder woord een noot zijn, die zijn precieze plaats inneemt in de harmonie van een muziekstuk. Deze muziek kan lieflijk zijn of imposant, vol betekenis of anoniem, maar ook hard en verschrikkelijk, afhankelijk van de "aanslag" en het mozaïek van noten in de partituur."

AANBEVELING: "Je gedachten zouden duidelijk en bewust de woorden moeten kiezen, die je gebruiken wilt, want deze zijn een manifestatie van je gedachte-energie. Zij zijn de dragers waardoor een gedachte zich manifesteert.

En hoe meer je je concentreert, hoe sterker die energie is.

Moge je wilskracht uit je hart komen, zodat dat wat je zegt niet heftig overstroomt, zoals een rivier bij hoog water. Hoog water van emoties, woede of de impulsiviteit van gevoelens die je gewend bent. Laat je woorden, als het kan, een omarming zijn van de ziel, en de liefde en waarheid overbrengen die je in je hart draagt."

-38-
TODDLER

"O lieflijk wezen, ik zoek je op duizend wegen,
die met illusies zijn geplaveid.
Ik roep je in de wirwar van gedachten,
die op zoek zijn naar rust,
naar een verlichting gevende pauze verlangen.
Ik hoor je stem
als ik naar mijn hart ga,
als ik de enige weg ga, die naar jou leidt.
Als ik in jouw tempel aankom
en de stille vrede betreedt,
als ik het leven accepteer,
dat overal de echo van jouw naam laat horen."

BETEKENIS: De woordelijke betekenis van Toddler is *'Kleuter'*. Karakteristiek voor deze periode van het leven is de nieuwsgierigheid. Dit is iets wat alle kinderen gemeen hebben. Nieuwsgierigheid is een impuls, die het leven ons geeft, zodat wij het leven kunnen leren kennen, en kunnen volgen in zijn voortdurende gang en dans.

HERKOMST: Toddler behoort tot een familie van kobolden, die gedurende hun gehele lange leven een kinderlijke kijk op het leven kunnen behouden. De nabijheid van mensen stoort deze kobolden niet. Ze bekijken onze verhalen eerder met de nieuwsgierigheid van een kind. Daarbij hebben ze veel plezier met het nabootsen van houdingen, die ze niet altijd begrijpen, maar wel heel komisch vinden. Toch is het geen toeval dat ze de mensen zo nabij zijn. Dat heeft veel meer te maken met een belangrijke taak, die zij graag en met grote liefde vervullen. Zij geven er de voorkeur aan te leven in zonnige streken met landschappen met vergezichten. Maar ze zijn niet bang voor straten en andere bouwsels van mensen. Het kan zelfs gebeuren, dat zij een mooi aangelegde tuin uitkiezen, om in de takken van een boom te wonen. Hun precieze afkomst is echter onbekend.

BOODSCHAP: "Als het lot, zoals jij het noemt, je plotseling een weg wijst en je vraagt die in te slaan, en als dat een weg is waar je een beetje bang voor bent omdat die van je "normale" route afwijkt, geef mij dan een hand, en lach het nieuwe toe, net zoals toen je je eerste schreden op het pad des leven zette en dat met enthousiasme ging onderzoeken. Ik zal je stap voor stap heel rustig leren om je heen te kijken en alles te ontdekken wat de nieuwe situatie met zich meebrengt. Zonder dat je je hoeft te verzetten, en zonder bang te zijn. Als het leven een onverwachte verandering met zich meebrengt, dan doet het dat omdat het je iets wil leren. Iets wat je, als je het accepteert, rijker en bewuster zal maken, en waar je als winnaar uit tevoorschijn zult komen. Ook als die verandering heel plotseling komt en als alles anders verloopt dan verwacht, dan is dat de juiste instelling. Iedere keer als het leven tot je spreekt en je een onbekende weg wil wijzen, leer dan opnieuw om met een kinderlijke geest verder te gaan.

Dat is de geest die met een hart vol vertrouwen en verwondering iets wil leren."

AANBEVELING: "Slechts zelden weten mensen met de juiste instelling, situaties, die ze niet gekozen hebben, of plotselinge veranderingen in het leven, de baas te worden. Jammer genoeg bereiden zij zich daar vaker op voor als op een veldslag. Met het gevolg dat zij veel energie verspillen met vechten. Vaak ontbreekt het hen daarbij aan die innerlijke instelling, die het hen mogelijk zou maken, deze "slagen van het lot" tegemoet te treden met instemming en met een gezonde dosis nieuwsgierigheid. Aan het eind voelen zij zich toch teleurgesteld, uitgeput en overvallen door de onrechtvaardigheid van zo'n "onvermijdelijk iets". Ze zijn niet in staat in dit nieuwe "landschap" iets positiefs te zien.
Soms komen de veranderingen ook stil ons leven binnen glijden, vele ervan zijn zelfs vanaf het begin aangenaam. Omdat daar geen lijden mee gepaard gaat, merkt men niet dat men ook dan een beslissing genomen heeft. Trouwens, we nemen voortdurend beslissingen op onze weg. We zijn ons dat alleen meestal niet bewust, en dat is ook goed zo. Heb je daar ooit over nagedacht? Op ieder moment van je leven neem je een beslissing, vanaf het ogenblik dat je 's morgens besluit om op te staan: of je voor het stoplicht zult stoppen, wat je aan zult trekken, of wat je zult eten. Maar dat gebeurt automatisch, bijna zonder dat je het merkt. Het belast je niet in hoe je je dag doorbrengt. Daarentegen zijn er ook beslissingen die je heel zwaar vallen, waarvan alleen de gedachte eraan al angst oproept. Vraag jezelf in dat geval af, of je in feite niet juist afwerend staat tegenover een verandering in jou, iets dat de zekerheid die je had opgebouwd, aan het wankelen brengt. Iets in je, dat bang is een venster te openen en daar een nieuw, onbekend panorama te zien. Maar je kunt ook precies op dat moment proberen uit dat venster naar buiten te kijken, en alle kritiek, ieder vooroordeel terzijde te leggen. En in plaats daarvan deze nieuwe visie te zien als een mogelijkheid tot groei, tot het overwinnen van iets, en je zou deze uitdaging met jezelf kunnen aangaan. Je zou kunnen besluiten het leven te vertrouwen, en toelaten dat het je - soms - bij de hand neemt. Dan zal elke beslissing, ook die om een nieuwe weg te volgen, een verandering betekenen."

-39-
WINK

"En je zult met blote voeten
over het frisse groene gras lopen,
dat nog nat is van de morgendauw
en teer als zijden draden
door de lichte beroering van een briesje
heen en weer gaat
alsof het huivert,
vlak voordat de zon opkomt,
op wiens kus het wacht."

BETEKENIS: De woordelijke betekenis van Wink is *'Knipoog'*.
Vaak zijn de signalen, waarmee wij met elkaar communiceren, een deel van een universele sleutel, die het ons mogelijk maakt, elkaar te verstaan over de grenzen van taal en verschillende culturen heen. Een glimlach bijvoorbeeld is bij alle volkeren een spontaan teken van communicatie. Net als een schreeuw van schrik, gapen, huilen. Of een knipoog, die gewoonlijk duidt op een stilzwijgende overeenkomst, een gebaar van begrip tussen twee personen.

HERKOMST: Hij is een kobold van vroege nomadische afkomst. Men zou hem ook een rondtrekkende gezel kunnen noemen. Het is bijna onmogelijk om de plaats van zijn herkomst te achterhalen, omdat er overal over hem gesproken wordt, ook al heeft hij in verschillende landen in de wereld verschillende namen. Op zijn talrijke reizen heeft hij de levende wezens en in het bijzonder de mensen goed leren kennen. De mensen, als de schepselen met de vele aspecten en mogelijkheden. En hij heeft ontdekt dat de mensen een natuurlijke neiging hebben om de dingen gecompliceerd te maken. En ook dat zij een zekere innerlijke traagheid hebben om die dingen op te lossen."

BOODSCHAP: "Het is zo eenvoudig, en toch zijn de mensen in staat, om de draden van het weefgetouw zodanig te verwarren, dat een evenwichtige verweving van schering en inslag onmogelijk wordt! Ik heb geluisterd naar de ervaringen van alle levende wezens. En ieder van hen, of hij nou groot of klein is, heeft laten zien, dat hij bewust is van zijn natuur, en de hem toebedachte rol accepteert. En in ieder van hen, of het nu buit betreft of jager, leeft dezelfde uitdrukkelijke levensvreugde. Het is mijn taak jou te helpen, dit natuurlijke evenwicht terug te vinden, als je merkt dat het leven een grote warboel wordt, als een bol wol waar de kat mee gespeeld heeft. Ik heb tot taak je te helpen het begin terug te vinden, de hoofddraad in deze wirwar, ofwel het wezenlijke, namelijk jouw betekenis in de oneindige oceaan van het leven. Misschien helpt het je om je te herinneren, of om niet te vergeten. In elk geval zit het geheim waar je naar op zoek bent, in de eenvoud. Dat is het gouden sleuteltje tot jouw tuin, een wonderlijke innerlijke tuin.

Vaak is het je trots, die je daar verre van houdt."

AANBEVELING: "Misschien realiseer je je soms, dat je gewoon maar je leven leeft, zonder je bewust te zijn, welke plaats jij daarin inneemt. En dat je op je weg je zakken vult met onnodige zaken, waarvan een sprankje trots je wijsmaakt dat die belangrijk zijn. Zo verzamel je gedrag en gedachten, die niet bij je horen. Misschien wil je ook beslist de rol van iemand anders spelen, om je niet verloren te voelen. Als je dat merkt, zou je eens moeten komen kijken hoe de schepselen leven, die de natuur herbergt en in haar schoot voedt. Zij zingen voortdurend het lied van de dankbaarheid, voor alles wat zij ontvangen, het lied van de vreugde, van degenen die eenvoudig hun rol in de grote cyclus van het leven hebben geaccepteerd. Jouw rol wordt je door je hart ingegeven, als je de weg accepteert, die naar je geest voert. Het is de rol, waarin je deel hebt aan het leven van elke bloem in je tuin, waarin je je niet meer afgescheiden voelt van het leven of jezelf ziet als schietschijf van je negatieve gevoelens. Het simpele accepteren van jezelf is de gouden sleutel die de deur naar je tuin kan openen, en die sleutel heb jij in je bezit. In deze tuin groeien prachtige bloemen die je nog niet kent, en ook bloemen die alleen jij kunt kweken. Alleen jij kunt die enten, en transformeren, nieuwe planten planten en andere weghalen. Jij kunt de ingang afsluiten, of die versieren en voorbereiden voor de komst van een bijzondere gast. Je kunt je tuin tot bloei brengen als je hem verzorgt, maar je kunt hem ook in een woestenij (laten) veranderen. Wanneer je akkoord gaat met het je eigen "tuinman" worden, zul je ontdekken dat jouw taak er een is als van vele anderen. Dan zul je meer begrip krijgen voor anderen, meer bereid zijn te helpen, en minder kritisch zijn ten opzichte van hun werk. En zo zul je, in de verantwoordelijkheid van jouw rol, de weg gaan die het leven van je verwacht. En gedurende de reis zul je merken, dat deze weg in een spiraal loopt, die tot in de oneindigheid van de hemel reikt."

-40-
WIZEN

"Ik heb de hemel
met donkere wolken bedekt,
om jou je blik
- op zoek naar de zon -
naar de hemel te doen heffen."

BETEKENIS: De woordelijke betekenis van Wizen is *'Gerimpeld'*.
Vaak ligt er een diepe schoonheid in een gezicht dat door de tijd is getekend. De sporen van de tijd tekenen een soort bedauwd spinnenweb op dat gezicht, waarvan de trekken van binnenuit verlicht worden. Dit doorgroefde gezicht heeft alle strakheid van de jeugd verloren, maar het lijkt op geheimzinnige wijze omgeven door een uitstraling, waarin de door de ziel veroverde eigenschappen naar buiten komen.

HERKOMST: Wizen ziet er uit als een gerimpeld maar heel vriendelijk oudje. In zijn gezicht stralen de ogen van een wijze tevreden ziel. Als woonplaats geeft hij de voorkeur aan de rust van de donkere holen, die zich onder de grond vertakken in duizenden gangen. In dit geheimzinnige labyrint bewaart de aarde duisternis en stilte. De gangen reiken tot aan de plaats waar de langzame, diepe adem van de aarde ontstaat, die meegaat met het ritme van het universum. Daar brengt Wizen de dag door met luisteren naar de "innerlijke stemmen" van alle levende wezens, die op de oppervlakte van de aarde leven.. Soms is het de opgewekte innerlijke dialoog van de bomen of zijn het de holenliederen van de bergen, soms zijn het ook de stemmen van geschrokken, treurige of vrolijke dieren. Een andere keer zijn het de innerlijke stemmen van de mensen, die Wizen in de intimiteit van de stilte beluistert. Die drukken heel verschillende stemmingen uit, vaak verward en onduidelijk, zelden vrolijk en opgewekt.

BOODSCHAP: "Ik heb je stem, en de woorden die zij naar me toe droeg, gehoord. Ze heeft mij bereikt in mijn stilte. Deze woorden smeekten om het geschenk van een licht, om rust te brengen voor de beklemming van je hart, voor de tot in het hart van de aarde doordringende schreeuw van je angst. De angst doet het hart van de mens stilstaan, door er de illusie in te doen postvatten van een grote duisternis, waarin het Niets zichtbaar wordt. En deze beangstigende duisternis scheidt het hart af van het licht, dat ongeduldig op jouw geest wacht. De angst lijkt op een wolk, die voor enige tijd de zon verstopt. Maar zo'n wolk is niets anders dan een door het licht geworpen schaduw. Die houdt je hart voor de gek en blokkeert de weg waar de ziel zich op bevindt. Maar een wolk voor de zon zal weer verdwijnen. En datzelfde gebeurt ook met je angsten. Vecht er niet tegen, want zij dienen om er iets van te leren. Ze zijn de "gelegenheden" die je ziel voorzien heeft, om zich vrij te maken van de te krappe kleren, die ze nu al sedert lange tijd draagt. En om zich meer en meer bewust te worden van het licht dat haar doordringt, zodat ze tenslotte in vrijheid haar doel bereiken kan."

AANBEVELING: "Veel van ons gedrag komt voort uit zielstoestanden, die soms heel handig allerlei soorten angst verbergen. Angsten kunnen zich vaak heel slim maskeren, en het is niet gemakkelijk ze te herkennen, omdat ze zich voeden met de illusie van de duisternis, waarin onze zekerheid verloren gaat.
In de angst wordt de ziel leeg, want ze is niet in staat het juiste antwoord te vinden. En het verstand reageert op deze angsten met gedrag, dat de angst op een of andere manier binnengesloten houdt. Totdat die plotseling naar buiten breekt, en ons de adem beneemt. Vele "moedige" mensen denken dat zij angst kunnen overwinnen door die te vervangen door agressief gedrag tegenover zichzelf en anderen. Maar dan springt er vaak plotseling toch iets uit het duister naar voren. Maar velen van ons sluiten zich in zichzelf op, en laten de buitenwereld "buiten voor de deur" achter.
Bang om bittere en teleurstellende ervaringen op te doen, sluiten wij vaak de toegang af tot belangrijke innerlijke ervaringen. Of we maken onszelf wijs, dat de oorzaak van onze angst ligt in traumatische ervaringen, waarvan het duidelijk is, dat daar geen oplossing voor is. Toch vragen we ons zelden af waarom we deze trauma's beleefd hebben, en waarom we ons .in die bepaalde situatie niet konden weren. Meestal slaan we het beleefde trauma ergens op zolder op, om zo lang mogelijk het ogenblik voor ons uit te schuiven, dat we tegenover een aspect van onszelf komen te staan, dat we afwijzen, of waarvoor we angst hebben het te accepteren. Dat roept ons uit een ver verleden, om ons vrij te maken, en ons bewustzijn naar een hoger niveau te brengen. De duisternis wordt verdreven door het licht, niet doordat wij "onze ogen sluiten".
Je angsten zijn niet je vijanden. Het zijn plaatsen in je ziel, waar het licht niet helder genoeg schijnt. Dit licht heb je nodig, om het tot in de verste

hoekjes van je ziel te brengen. Doordat je gelooft in de macht van dat licht, in zijn vermogen om je lichaam, je hart en je verstand naar het licht te brengen. Doordat je gelooft dat geleidelijk aan de wolken zullen verdwijnen, die de zon bedekken, en die schaduwen werpen op je pad."

-41-
YORE

"Wat ben je mooi.
Wat komen jouw klanken uit verre werelden.
Waarschijnlijk heeft jouw hart het licht van de sterren in bewaring
en houdt het de herinnering in zich besloten.
Je hebt mijn dromen gewiegd tot aan vandaag.
Nu roept mij jouw stem,
nu ben ik bereid ze te zoeken."

BETEKENIS: De woordelijke betekenis van Yore is *'Van alle tijden'*.
De herinnering aan het verleden is als een fakkel op de weg naar de toekomst. Wat in het geheugen echter alleen bewaard moet blijven is de waarde van de tradities, de vruchten van de ervaringen en de lessen, die de gebeurtenissen van het verleden ons hebben achtergelaten. Gevoelens van boosheid en van heimwee halen het verleden zinloos in het nu. Als je je eigen recht wilt halen, en datgene weer in het leven wil roepen, wat alleen toen een reden van bestaan had, beleef je alleen maar een illusie van de toekomst.

HERKOMST: Uit een lang verleden tijd, toen er iets gebeurd is, dat het verstand van de mensen verduisterde, en toen de aarde zich in zwijgen hulde. Sinds die tijd zorgen de kobolden voor de kristallen, die verborgen zijn in de grotten van onze aarde. Deze bijzondere stenen zijn de verloren dromen van de mensen. Misschien vinden mensen kristallen vaak zo waardevol, omdat ze zich er onbewust mee verbonden voelen.

BOODSCHAP: "Het is mijn taak om voor de kristallen te zorgen. De doorzichtige stenen, waarin de mensen lange tijd hun nachtelijke dromen achterlieten. Deze dromen waren liederen van harmonie, en alles wat daarin met de glans van het licht overgoten, alles was in eenheid, en het gelaat van God werd er in weerspiegeld. De mensen van die tijd wisten, dat zij allen denkbeelden waren van God, en in Hem verwezenlijkt waren. En de aarde voedde hen, omdat de Oneindige haar deze taak gegeven had. En ze deed dat met milde liefde. De mensen verzorgden de aarde met dezelfde liefde, en brachten haar geschenken. Terwijl 's nachts de dag uitrustte, en de sterren aan de hemel schenen, droomden de mensen heerlijk in deze harmonie. Hun dromen waren liederen van vreugde, waaraan de schoonheid ontsproot die God aan alle dingen geschonken heeft. De aarde luisterde elke nacht naar de muziek van die dromen en verzegelde die 's morgens opdat ze niet verloren zouden gaan. Zij verzegelde ze in veelvlakkige vormen van intensieve kleuren, en daar konden de dromen in heel hun glans leven. Als dan de sterren aan de hemel schenen, schitterden de ingepakte dromen overal in hun bontgekleurde doorzichtigheid. Dat was allemaal wondermooi. Totdat het anders werd, en een ijzige kou het verstand van de mensen verduisterde. De aarde zag zich gedwongen de dromen van het licht diep in het hart van de bergen te verstoppen. En de mensen vergaten ze. Tegenwoordig komen de kristallen terug, om in de harten van de mensen de herinnering wakker te roepen aan die eenheid. En hun woorden, als je ze hoort, zullen bestaan uit licht, vrede en liefde."

AANBEVELING: "Zo ontstonden de geesten, aan wie de aarde de taak toevertrouwde, voor deze kostbare dromen te zorgen, totdat het moment zou komen, dat de mensen zichzelf herinnerd en begrepen zouden hebben. Kristallen zijn niet alleen maar mooie voorwerpen, of sieraden waarmee men zich kan opsieren om de ijdelheid te bevredigen, of die men lukraak voor een talent gebruikt. Ze hebben de arrogantie van de mensen al leren kennen. Die tijd is nu voorbij. Het zuivere bewustzijn, dat binnen in het kristal woont, wacht er op je te kunnen helpen; het vraagt niet "gebruikt" te worden. Het kristal, met al zijn energie, is een verdichte lichtstraal. Als je daarom een "magische" steen hebt, of je wilt er een uitkiezen, doe dat dan met liefde en respect. Vraag hem vooral, of hij bereid is met jou liefde en erkenning uit te wisselen. IJdelheid en arrogantie slapen in het hart van de mens. Maar zij liggen altijd op de loer, om hem te prikkelen met het kortstondige succes van ter plekke geïmproviseerde vaardigheden. Een talent kan niet helen of wonderen verrichten, als het niet gepaard gaat met het bewustzijn, deel en voertuig van het licht te zijn. Terwijl wij vaak het gevoel hebben dat we het recht hebben het te bezitten."

-42-
SPINDLE-SHANKS

"Bemin en adem
langzaam,
diep en
vol vreugde
het leven in."

BETEKENIS: De woordelijke betekenis van Spindle-Shanks is *'Spillebenen'*.
Wie lange dunne benen heeft, kan meestal snel op zijn doel afgaan. In overdrachtelijke zin kan dit een metafoor zijn, die duidt op een beweeglijk verstand, en de door wilskracht voortgebrachte beweging.

HERKOMST: Het schijnt dat hij op aarde gekomen is, gedragen door de echo van een stem, wiens roep hem aangetrokken had. Zijn naam heeft waarschijnlijk te maken met zijn buitengewone manier van lopen. Hij gaat snel van het een naar het ander, zich altijd op de toppen van zijn tenen voortbewegend.

BOODSCHAP: "Ik heb een stem gehoord, die van ver weg kwam. Als de vleugels van een vogel steeg zij hoog ten hemel, om dan plotseling weer naar beneden te storten, of ook zwevend weg te glijden, en op een nieuwe luchtstroom te wachten die haar nog hoger en verder zou dragen.
Deze melancholieke stem scheen te zoeken en nog eens te zoeken. Zij klonk treurig en smartelijk. Ik heb die stem aan een zilveren draad van noten gebonden, en een tedere zoete muziek voor haar gecomponeerd. En voor de eerste keer zweeg die stem en luisterde. Nu zweefde ze door de lucht op de armen van de wind, als een mooie draak die een kind goed vasthoudt.
De muziek verspreidde zich over de velden, de rivieren, de bergen en de dalen, tot aan de zee. En alles leek te vibreren van licht. Het was de stem van de droom van geluk, die ik getroffen had. Voor haar was mijn lied ontstaan. Zij luisterde ernaar, en leste haar dorst aan deze bron van licht. Herinner je je de stem van jouw droom? Je hebt haar zo ver weg gestuurd, dat je je haar bijna niet meer kunt herinneren. Vaak slapen de mensen heel diep als zij hun droom van geluk dromen. En terwijl zij maar wachten, ligt hun hele leven in deze droom vervat. Het gaat voort als het woeste water van een bergbeek.
De klank van deze muziek, die ik voor je heb meegebracht, is als een regen van frisse dauwdruppels, die je dorstige ziel laven en tot leven wekken. Het geluk is niets anders dan de weg naar het hart, die alleen diegene kan vinden, die in het nu op waarde weet te schatten wat hij heeft."

AANBEVELING: "De droom van geluk is het eeuwige drogbeeld van een mens, die zich verliest in voortdurende ontevredenheid. Waarschijnlijk weet hij niet eens wat geluk is, en dus ook niet waarnaar hij moet zoeken, en toch zoekt hij er onophoudelijk naar.

Misschien komt het door zijn hele diepe en onzichtbare heimwee, dat hij nooit tevreden is, en met zorg naar de toekomst kijkt. Het heimwee van de ziel om zich met de bron te verenigen, met de hoogste vreugde, die hem geschapen heeft.

Waarschijnlijk moet de mens eerst uit deze droom ontwaken, om het bewustzijn over zijn werkelijkheid terug te vinden. Die ligt achter de bevrediging van de zintuigen, die zich overgeven aan vluchtige genoegens. Pas als de mens in elk moment een subtiel genoegen kan vinden, zal hij weten dat er geen scheiding bestaat. Dat in elk van die momenten de eeuwigheid zich voortdurend manifesteert, en dat in elk van die momenten de essentie ligt van de gezamenlijke manifestatie. Pas dan zal hij het geluk leren kennen."

-43-
SPILLIKIN

"Op denkbeeldige strijdrossen
rijden mijn wensen.
en daarop bereiken zij de zee.
Mijn wilskracht duikt in het vloeibare goud,
dat in een streep aan de horizon verdwijnt,
juichend van vreugde huppelt hij
over de witte spetters
van haar golven."

BETEKENIS: De woordelijke betekenis van Spillikin is *'Houten stokje'*. Een takje, een stukje hout dat wij achteloos van een boom afbreken, zo klein dat we het onbelangrijk vinden. En toch hebben ook de kleine dingen hun eigen geheim. Zoals de tak, die nieuwe bladeren en vruchten doet ontstaan en voedt, of de stompe grijze steen, waar een diamant in zit. Dat betekent niet dat we als speurhonden moeten gaan leven. Maar het nodigt ons uit om deze kleine waarheid tenminste in ogenschouw te nemen. De naam Spillikin komt van een klein, rank takje, dat hij altijd tussen zijn tanden heeft, en hij geniet van de originele smaak.

HERKOMST: Hij woont sinds oeroude tijden op de groene hoogvlakten van bepaalde streken in Zuid Europa. De glooiende heuvels doen denken aan de golven van een zee. Een zee van groene heuvels met zachte vegetatie en veel bloemen, onderbroken door lommerrijke stukken, die aan de horizon in de nevel verdwijnen. Spillikin wordt ook wel de "Kobold van de reizigers" genoemd. Reizigers trekken soms heel alleen door zijn gebied, en af en toe begeleidt hij hen, zonder dat ze het weten, een heel eind op weg. Enkelen van hen zweren dat ze hem gezien hebben. Anderen beweren zelfs dat ze zijn lichte voetstappen naast de hunne gehoord hebben, en zich lange tijd met hem onderhouden hebben.

BOODSCHAP: "Het is mijn taak je te beschermen en je te begeleiden op je weg, elke keer dat je blik zich richt op een punt in de verte, en je de horizon afzoekt naar je doel. Ik richt me tot de reiziger die dan in jou ontwaakt. Tot de onrust die plotseling bezit neemt van je gedachten en de vurige wens in je wekt om het goud te bereiken, dat bij zonsondergang plotseling tussen de wolken verschijnt, de wens om de avontuurlijke reis van de zon te volgen.
Als je zijn geheim wilt ervaren, ga dan. Als je de waarheid zoekt, laat je dan niet ophouden en blijf nooit staan. Als een kleine hindernis je soms laat struikelen en doet stilstaan, dan gebeurt dat alleen om je een ogenblik tot nadenken te geven, kennelijk had je dat nagelaten. Om je er aan te herinneren bij je hart te rade te gaan, om uit te vinden of het zijn eerlijke stem is die je hoort, terwijl je op zoek naar je doel, ver vooruit kijkt in je leven en tijdens je tocht aandachtig naar de horizon kijkt, om het

"Beloofde Land" van je dromen te vinden.
Word dus de kapitein van je eigen schip. Maar om dat te kunnen doen, moet je eerst alle beginselen van goed zeemanschap leren en moet je hart hebben voor je bemanning. Je mag de golf, die je de ene keer hoog optilt, de andere keer in de diepte draagt, niet als vijand beschouwen."

AANBEVELING: "We zijn in zekere zin reizigers, of tenminste zijn we dat ooit geweest, ook als dat maar kort was. Sommigen van ons zijn dat echter van binnen uit. De reiziger "van beroep" is vaak vervuld van een versluierde melancholie. Maar niet zelden heeft hij hoge idealen. Men herkent hem aan de licht voorovergebogen gang en aan zijn blik, die over dingen en mensen heen kijkt, zonder ooit echt bij hen te blijven staan. Hij is altijd ontevreden met wat hij op zijn weg ontdekt, kijkt altijd vooruit in de zekerheid dat wat hij zoekt heel in de verte te vinden is. Toch is het hem niet altijd helder wat hij eigenlijk zoekt. Sommige mensen voelen voortdurend een zekere opwinding, hebben een soort koorts, die hen altijd ontevreden doet zijn. Zij kunnen nauwelijks wachten om hun route die zij op dit moment volgen, te veranderen en een andere weg met evenveel enthousiasme in te slaan, totdat ook zij op een dag de juiste weg vinden. Als je denkt dat ook jij tot die grote familie van "hoopvolle zoekers met de gevleugelde voeten" behoort, dan zul je waarschijnlijk vroeg of laat de geamuseerde blik tegenkomen van "iemand" die je met een ironische glimlach zal zeggen dat waar jij zo moeizaam naar op zoek bent, voor je neus ligt. Het wacht er alleen maar op door jou ontdekt te worden."

-44-
PILGRIM

"Ik heb de liefde
zien stralen uit je ogen.
Dit geschenk was voor mij kostbaarder
dan welke andere gift ook
waar mijn verlangen op zou kunnen hopen.
Want ik heb in jouw ogen
voor een ogenblik
mijn ziel vrij kunnen laten."

BETEKENIS: De woordelijke betekenis van Pelgrim is '*Pelgrim*'. Een pelgrim is een mens, die een lange reis onderneemt naar de heilige plaats van zijn verering. Iedere innerlijke reis kan daarom als pelgrimsreis gezien worden. Iedere reis die met open en bereidwillig hart ondernomen wordt, om de heiligheid van het leven te ontdekken.

HERKOMST: Pilgrim is een kobold met een jeugdig uiterlijk (al is het in werkelijkheid onmogelijk om de leeftijd van een kobold te bepalen), met een goedmoedig, vriendelijk karakter. Toch is hij een einzelgänger. Hij komt uit streken in zuidwest Europa, waar je hem met een beetje geluk kunt zien op zijn weg door de bergen. De inwoners van de streek waarderen hem zeer. Ze brengen hem af en toe kleine geschenken, en meestal geeft hij daar snel ook iets voor terug. Met zijn stok als enige reisgezel loopt Pilgrim iedere dag hele stukken door het grote territorium, waar hij woont. Hij begint zijn tocht als de nachtelijke hemel in het oosten gaat verbleken, en met een opgewekt violet wordt overtrokken. Soms houdt hij even stil, om zich te bekommeren om een schepsel, dat zijn hulp nodig heeft: een boom die te lui is om wakker te worden, een gewond dier, of een bloem die te verlegen is om zich te openen. En voor ieder heeft hij precies wat ze nodig hebben, en een glimlach die tot in het hart dringt.

BOODSCHAP: "Als de zon achter de horizon verdwijnt en het naderende einde van weer een dag aankondigt, zit ik in gedachten verzonken op een heuvel, en ik blijf een tijdlang kijken naar het kleurenspel van de zonsondergang. Vanaf deze plek van vrede kan ik de adem horen van het mensenhart. Dat reikt tot hier boven, om een beetje troost en vrede te vinden. De ademhalingen van het hart zijn even zovele vragen om liefde, zij zweven als de bonte vleugels van een vlinder licht door de lucht. Ze zetten zich aarzelend voor een paar seconden neer, om dan meteen weer verder te vliegen en in de verte te zoeken. Kijk in de ogen van degene die je van dichtbij aankijkt, en je zult je eigen verlangen vinden. Wees in staat om in alle eenvoud een hart lief te hebben, dat eenzaam in stilte klopt. Het is vlak bij je, maar wordt vaak niet opgemerkt. Loop niet rond om overal bomen te genezen, als je daarbij de bloemen in de wei vertrapt."

AANBEVELING: "Soms maakt de wens om goed te doen, je blind en doet je ver weglopen, daarheen waar jij denkt dat je hulp nodig is, waar meer leed lijkt te zijn. Daarbij kijk je voorbij aan de roep om hulp in een paar ogen heel dichtbij, die jouw blik probeert te vangen. Misschien is het iemand die je op straat tegenkomt, of iemand op je werk, die je niet eens bijzonder sympathiek vindt, of misschien is het een vriend. Iemand die op je wacht. En jij kijkt over hem heen in je ijver om het leed van de wereld te verzachten. Achter de neiging om zo ver weg te gaan kan soms een gril van je ego schuilgaan. Of een gevoel van aanmatiging, dat je tot elke prijs helpen moet, zelfs diegenen, die dat helemaal niet op prijs stellen. Grootmoedigheid kan zelfs in de stilte van het gebed verstikkend zijn voor mensen die die grootmoedigheid niet willen ontvangen. Onze verwachtingen staan vaak lijnrecht tegenover de stap in ontwikkeling van degenen die wij willen helpen. En onze goedbedoelde acties kunnen zijn vooruitgang blokkeren of zelfs schaden. En als wij het zelf zijn die behoefte hebben aan een gebaar van liefde, dan moeten we grootmoedig en nederig ook het kleinste gebaar van hulp, als dat uit het hart komt, weten te accepteren, Grootmoedigheid komt uit een hart, dat vrij is van vooroordelen en van afgezaagde morele frasen, om als pelgrim de reis van de ziel te maken. Op deze reis zal hij de waarde van kleine dingen leren kennen. Zijn voeten zullen de bloemetjes langs de kant van de weg niet achteloos vertrappen.

Op het ogenblik dat de zon in het westen ondergaat en een laatste vurige pijl afschiet, neemt Pilgrim de liefdewensen van de mensen in zijn handen, en blaast ze met een zacht windje naar boven, hoog in de hemel. Daar kunnen zij zich, vrij en gelukkig, verenigen met de gedachten van alle schepselen, die in deze grootmoedige liefde dankbaar het uniek zijn van hun bestaan beleven."

-45-
JACK-ROOFING-TILE

"De woorden van mijn lied
verdwijnen als sterren
in deze heldere winternacht.
Het zijn kleine vonkjes,
die de kracht van het vuur
in stand houden.
Woorden van magie
die spreken tot jouw bevende hart,
terwijl de dag slaapt en
droomt in het rustige duister."

BETEKENIS: De woordelijke betekenis van Jack-Roofing-Tile is *'Jack-Dakpan'*.
Naast de betekenis van het afdekken, waarvoor dakpannen bij dakconstructies worden gebruikt, wordt het woord "Dakpan" in overdrachtelijke zin gebruikt voor een plotseling onverwacht onheil. Een onafwendbaar voorval, dat ons "tussen kop en schouders" treft, terwijl wij nietsvermoedend bezig waren.

HERKOMST: Wat zijn uiterlijk betreft doet deze kobold ons denken aan een oude uil, die bruusk ontwaken verstoord werd. Maar dat is alleen zijn uiterlijk. Achter zijn een beetje zure manier van doen, als een oude brombeer gaat in werkelijkheid de openhartige waarheid van zijn wijsheid schuil.
Sommigen van ons hebben, eerlijk gezegd, het wel eens nodig om aangepakt of aan de oren te worden getrokken.
Niemand weet waar hij vandaan komt. We weten wel dat hij zich aangetrokken voelt tot de warme gezellige huizen van de mensen op het platteland. Daar rust hij graag uit in de winter en geniet van de warmte van het knappend haardvuur. En daar bij het vuur, maar onzichtbaar voor de mensen, schrijft Jack-Dakpan zijn liederen.
Hij zit gezellig in een hoekje bij de kachel en zingt met zijn hese, maar ook heel zachte stem zijn liederen. En de bijzondere, toverachtige melodieën stijgen met de vonken van het knetterende houtvuur omhoog de schoorsteen in. Zij verspreiden zich in de lucht als rook in een heldere vrieskoude winternacht.
En in de stilte van de duisternis, als in de slaap alle bedrijvigheid van de dag in ruste is, luistert de ziel van de mens, nu vrij van de dagelijkse beslommeringen en angsten.

BOODSCHAP: "Mijn taak is het de mensen te herinneren aan de waarde van de nederigheid, als - waarschijnlijk onbewust - hun trots de vorm van arrogantie aanneemt, en ze zichzelf op die manier de toegang versperren tot de poorten van de hemel.
Maar al te vaak laten de mensen zich in de koninklijke mantel van de arrogantie steken en, afgestompt door hun valse zekerheid en valse

terughoudendheid, op de troon van de ijdelheid zetten. Maar deze mantel verbergt ook hun ketenen.

Arrogantie kan je op duizenden verschillende manieren in verleiding brengen. Het kan zich verstoppen, zodat dat je het helemaal niet meer in jezelf herkent. Nederigheid is geen lafheid, en ook geen onderwerping of berusting. Het is een kwaliteit van de ziel, die zichzelf, zonder de dekmantel van valse bescheidenheid, als deel van de universele ziel erkent, met alle gaven die God hem gegeven heeft, en met het bewustzijn van zijn eigen individualiteit.

Nederigheid is diepe oprechtheid naar jezelf. Het is de stem die maakt dat je stil staat om naar hem te luisteren. Het oog waarmee je waarachtig kunt zien. Dat zou je koninklijke mantel moeten zijn. Jouw rijk is het rijk van onze Schepper. Bied Hem je scepter aan - en je zult je herinneren dat je vleugels hebt, om omhoog te vliegen naar de heldere hemel, die jou verwacht."

AANBEVELING: "Vraag jezelf af en toe af, in hoeverre je je echt bewust bent van je woorden en je daden. De oprechtheid van je hart geldt niet alleen je relaties, maar betreft ook, veel dichterbij, jezelf. Nederigheid is niet een geesteshouding, of een gedrag dat je kunt leren, het is veel meer een geschenk, dat de ziel ontvangt als die zich openstelt. Dit is een naaktheid waar ook je lichaam in meegaat, waarin het zijn ware gevoelens, gebaren, gedachten en zijn belangrijkste behoeften terugvindt. Waarin ook je lichaam zich ontdoet van alle glitter en glamour, en in de eenvoud zijn levensvreugde opnieuw ontdekt. In deze hervonden oorspronkelijkheid kun je jezelf zien zoals je bent. Je herkent weer je talenten en je eigen waarde. Deze waarde hoef je niet langer meer te pretenderen, want je hebt het centrum bereikt, dat duidelijke zekerheid uitstraalt, en daar verlangde je hart heimelijk altijd al naar. Mettertijd zul je steeds beter de "kortsluitinghandelingen" van je trots herkennen. En je zult daarmee hetzelfde doen als je ook doet met iemand die je met veel lawaai komt storen: Wees alsjeblieft stil!"

-46-
VOGELFINK

"Mijn adem deinde op de golven
van oneindige vrede.
Op golven van veelvoudige klanken,
Uit de eerste trillingen ontstaan.
En hart en oor
hebben die dankbaar ontvangen."

BETEKENIS: De woordelijke betekenis van Vogelfink is 'Vink'.
Naar het melodieuze gezang luisteren van de vinken verveelt nooit. Dit vogeltje moduleert zijn tonen in perfecte harmonie. En hij schenkt het luisterend oor het genot van hun samenklank. Het geheim van een harmonische stem ligt in de evenwichtigheid van de adem. Die brengt de geest tot rust, en de emotionele reacties, teweeg gebracht door opwinding of angstige gedachten, onder controle.

HERKOMST: Hij is vermoedelijk op de rug van een vinkje op aarde gekomen. En hij heeft met deze vogel de manier van spreken gemeen, dat op tsjilpen lijkt.

BOODSCHAP: "Ik wil je graag helpen een kostbaar juweel terug te vinden, dat je lang geleden hebt verloren, en waar je intens naar terug verlangt. Ieder voorwerp heeft ontegenzeggelijk twee kanten, die van elkaar verschillen en vaak elkaars tegenpolen zijn. Toch zijn ze allebei deel van een enkele werkelijkheid, de enige bron waaraan alle stromen van het universum ontspringen. Het duister en het licht, dag en nacht, begin en einde, boven en onder. Allemaal elkaars spiegelbeeld. Het zijn spelletjes van het verstand, dat zichzelf voor de gek houdt. Alles is één. Dat is de werkelijkheid. Dualiteit is eenheid die zich deelt, om zich te openbaren. Maar die twee veronderstellen het ene. Zoals twee handen die zich op de borst in gebed verenigen."

AANBEVELING: "Dezelfde dualiteit die wij in de natuur waarnemen, en die we op verschillende niveaus van de schepping kunnen vermoeden, doet zich klaarblijkelijk ook bij de mens voor. Waarschijnlijk ben je meer dan eens in een innerlijke strijd gewikkeld geweest in een contrast tussen twee tegengestelde krachten, die je geest onrustig maakte en die het je moeilijk maakte om daar een evenwicht in te vinden. Het is niet zo, dat de ene kracht het goede en de andere het kwade belichaamt. Het is ook niet zo dat de ene beter en de ander slechter is. Beiden zijn schalen van een weegschaal, met elkaar verbonden, en bijeengehouden door een stang in het midden, die ze allebei hoog houdt. Daarom kan de ene ook niet zonder de andere. In de impuls waarmee de ene naar de ande-

re getrokken wordt, ligt het zoeken naar evenwicht, naar balans, het zoeken naar harmonie. Harmonie is echt overal, een expressie van het evenwicht. In de natuur zien we een voortdurend opkomen van krachten die aan elkaar tegengesteld zijn, en weer in balans komen. Maar wie in staat is echt goed te kijken vindt het geheim hierachter. Want alles wat buiten ons gebeurt, gebeurt ook bij ons van binnen. En alles is met elkaar verbonden als parels aan een ketting, of als de kringen die in het water ontstaan als we er een steen in gooien, of als de golven die de klanken verder dragen. Inademen en uitademen, mannelijk en vrouwelijk, geven en nemen - alles is volmaakt geschapen het lichaam van de mens plant deze weegschaal voort, het is het boek waarin het geheim van het evenwicht geschreven staat. Als de mens in staat is de tegenstellingen die in hem strijden tot samenklank, tot harmonie te brengen; de krachten die ogenschijnlijk proberen hem tot verdeeldheid te brengen; als hij merkt dat datgene wat hij als dualiteit waarneemt, in werkelijkheid slechts de uiterlijke verschijningsvorm is; als hij dus dichter bij zijn innerlijke centrum komt en voelt hoe er in hem harmonie ontstaat, dan zal hij met het centrum van de schepping zelf in contact zijn, met de bron waaraan alle stromen van het universum ontspringen.
Hij zal het werk van een groot alchemist volbrengen. Eerst dan zal hij zich weer in de eenheid kunnen verenigen, opnieuw mens kunnen zijn. Toen hij voor de beide schalen van de weegschaal stond, geloofde de mens dat hij één van de twee kon of moest kiezen. En daarmee schiep hij de onbalans, die hem verdeeld gemaakt heeft en heeft afgescheiden van de harmonie van het universum.
Daarom moet nu ons werk van het centrum uitgaan, zogezegd van onze wervelkolom, dus van de basis die beide lichaamshelften ondersteunt. En vanuit dit nieuwe gezichtspunt kunnen wij onze dualiteit bekijken en kunnen we begrijpen dat de enige keus die we moeten maken is, om alles wat van onszelf en van ons ware wezen is afgescheiden, weer te verenigen.
De figuur van een mens met uitgestrekte armen is een symbool van de weegschaal of van het kruis en het punt waar het horizontale en het verticale samenkomen ligt bij het hart, het centrum van gevoelens en van de liefde. De liefde is de grote kracht die alles samenhoudt, het principe dat

elke scheiding opheft, en de muren van onze begrenzingen omver haalt. Die liefde moeten we leren, zodat in ieder van ons het evenwicht kan ontstaan, waar we zo moeizaam naar op zoek zijn. Dan kan ieder van ons een harmonische klank worden, een lied van vreugde."

-47-
JABBER UNCLE

"Ik bood je het vuur van mijn zonsondergangen
en de door de wind bewogen boomtoppen.
Ik bood je de gouden stilte van mijn woestijnen
en de magische schatten, die zich uitstrekken in het maanlicht.
Ik bood je de dans van de wolken aan de hemel
en het schuim van de voortsnellende golven van de zee.
Ik bood je het lachen van de regen
en het diepe gezang van de donder,
het ruisen van een waterval, de vrede van een meer.
En je hebt mijn geschenk aangenomen,
en op je gezicht verscheen
de mooiste meest stralende glimlach."

BETEKENIS: De woordelijke betekenis van Jabber Uncle is *'Kletskous'*. Sommige mensen praten heel erg graag. Het lijkt bijna of zij niet zonder een eindeloze spraakwaterval kunnen. Wie een te grote kletskous is, een "nonstopkletskous" heeft zelden tijd om duidelijkheid te krijgen over zijn gedachten, die - zonder deze hindernis - direct overgaan in de vaste toestand van woorden. De arme gesprekspartner - een soort perfect gekozen doelwit - wordt vaak gezocht onder degenen die discreet zijn en een beetje verlegen, en die meestal niet in staat zijn deze onophoudelijke woordenstroom een halt toe te roepen. In feite verbergt dit soort "ondeugd" soms een zekere onzekerheid, en misschien ook de angst voor stilte en eenzaamheid.

HERKOMST: Ergens uit Azië, waarschijnlijk uit het noorden van India.

BOODSCHAP: "Ik ben een natuurgeest. Tot de mij toegewezen taken hoort ook mensen zoals jij te helpen. Kunstenaars die geen inspiratie meer kunnen vinden, en zich daarom nutteloos voelen, en vertwijfeld zijn.
Maar weet wel, dat een kunstenaar, waar hij zich ook moge bevinden, een bijzondere ziel heeft. Die leeft half op de aarde, half in de hemel. En alleen als hij het contact verliest met die helft in hem, die hij Paradijs noemt, kunnen engelen en lichtgeesten hem niet meer inspireren. Jij en ik, wij treffen elkaar elke keer, als je gedachten over de bergtoppen vliegen, als je (waarschijnlijk onbewust) probeert je dichter bij de hemel te voelen.
En nu je dit weet, kun je dat wat je verloren hebt telkens ook weer terugvinden, je hoeft dan maar terug te denken aan onze ontmoeting.
Inspiratie is een druppeltje hemel, dat jij en anderen op aarde moeten brengen, om het om te zetten in een bron van fris water. Water dat de dorst zal stillen van fijngevoelige zielen die verlangen naar schoonheid en waarheid."

AANBEVELING: "Waarschijnlijk ben jij geen musicus, en ook geen schilder of dichter. Toch is er ook iets in jou dat je doet huiveren bij bijvoorbeeld de verrukkelijke schoonheid van een zonsopgang, het geluid

van de golven die breken op het strand, de lieflijkheid van regen die heel zachtjes op de bladeren van de bomen tikt, de kleurenpracht van de bloemen die in het voorjaar de weiden bedekken, of de blauwe nacht en het glinsteren van de sterren. Misschien kun je wat je hierbij voelt niet in vorm omzetten en houd je het voor jezelf. Misschien zijn er maar weinig mensen die merken wat er in je omgaat. En toch schilderen jouw gedachten prachtige mooie landschappen, componeren zij muziek, en dansen ze met gevleugelde voeten, terwijl je hart helemaal opgaat in poëzie. Je gedachten vangen de schoonheid die het leven je voortovert. Zij zijn ... jouw talenten.
Maak van jezelf een hele bijzondere kunstenaar.
Schilder de wereld met gedachten van vreugde. En de liefde die je woorden met zich meebrengen, zal zich daar manifesteren waar ze nodig is. Samen met alle gedachten van liefde en van schoonheid, van zielen zoals die van jou - dat is jouw schepping."

LADY LOBELIE

"Hier in het paleis
zijn prachtige, kostbare kamers,
weids, ruim, schitterend.
Zij wachten, nu nog onbewoond, erop
tot jij ze gezellig maakt."

BETEKENIS: De woordelijk betekenis van Lady Lobelie is *'Vrouwe Lobelia'*.
Tot het geslacht van de lobelia's behoren enkele geneeskrachtige planten, waarvan uit de wortels een middel wordt gewonnen, dat een weldadige invloed heeft op de luchtwegen. Die worden daarom gebruikt in geval van problemen met de luchtwegen en nerveuze benauwdheid.

HERKOMST: Hun aanwezigheid wordt af en toe waargenomen door mensen, die aan het bestaan geloven van deze wonderlijke lichtwezens. En dan vooral op punten waar de begroeiing het dichtst is, en het bladerdak maar heel sporadisch het zonlicht doorlaat.
Daar is het bos het geheimzinnigste: vol denkbeeldige stemmen en oeroude wezens. Het is niet aan iedereen, om door te dringen in zo'n donker bos, waar de vochtige lucht zwaar is van de geur van humus en mos, de stenen bedekt en ze glibberig maakt. En juist daar, waar de looppaadjes verloren gaan tussen het kreupelhout, zijn persoonlijkheden, sprookjes en allerlei verhalen ontstaan, ontsproten uit de levendige fantasie van mensen, die geïntrigeerd werden door deze geheimzinnige atmosfeer. Vrouwe Lobelia is een ongewone bosgeest. Zij werd lange tijd voor een heks aangezien, waarschijnlijk vanwege haar uiterlijk, en haar ongewone manier van doen. Haar originaliteit ligt daarin, dat zij de meeste tijd doorbrengt met overal te vegen, wortelen en bladeren af te stoffen, en alles op te ruimen, elk ding op zijn plaats te zetten. Daarbij zingt ze vrolijk in zichzelf. Gewoonlijk kunnen de mensen een opgeruimd bos niet eens herkennen!.

BOODSCHAP: "Ik wend me tot alle verwarde, wanordelijke, vaak bange en nerveuze mensen. Tot degenen die zich orde en netheid alleen maar kunnen voorstellen als iets vervelends, mensen die hun tijd verliezen met het altijd maar weer zoeken van hun autosleutels en belangrijke dingen vergeten, die dan onder bergen "dingen" begraven liggen. Mensen die nooit vinden wat ze zoeken. Heb jij dit buitengewone talent ook? De wanorde die je ervan maakt in je uiterlijke leven, weerspiegelt de chaos die in je innerlijk heerst. Geloof je niet dat alles wat je overal laat slingeren, en dat zich chaotisch ophoopt, dat het stof dat je overal op laat liggen en waar je je niet om bekommert, een teken kan zijn van weinig aandacht en ook weinig liefde voor jezelf? Gevangene te zijn van je eigen gedachten is niet hetzelfde als jezelf aardig vinden. Soms is men zozeer op zichzelf en op de eigen zorgen geconcentreerd, dat men niets opmerkt van zijn eigenlijke behoeften. En tenslotte verwaarloost men datgene, wat echte zorg nodig heeft, terwijl het van de ziel komt die om liefde roept. Neem daarom het besluit om van nu af wat meer orde te houden. En gooi alles weg wat je niet meer nodig hebt. Je zult ontdekken, dat je veel dingen bewaard hebt, die intussen oud en onbruikbaar geworden zijn. Veel stof heeft de spiegel van je ziel grijs en dof gemaakt. Doe dus wat moeite, reinig en poets, tot deze spiegel weer helder en glanzend wordt, en je met een zuivere, prikkelende lucht opnieuw de vreugde van het bestaan inademt."

AANBEVELING: "Ook als we erop letten dat we duidelijk zijn, komt er in onze uiterlijke handelwijze vaak spontaan gedrag doorheen, dat zich aan onze controle onttrekt, bijna een eigen leven leidt, en waardoor de werkelijkheid van onze innerlijke wereld wordt onthuld. Hoeveel dingen houden we niet voor anderen verborgen? Hoeveel trucjes gebruiken we om bij anderen zo over te komen als wij denken dat ze ons willen zien, om altijd bereid, onfeilbaar en volgens algemene maatstaven aardig te zijn? Het beste is dat we ons allemaal hetzelfde gedragen, en tenslotte gaan geloven, dat de grote komedie die we zo opvoeren de werkelijkheid is. Dat zij onze ware gevoelens laat zien en onze diepe zielsbehoeften, die we in onze onmacht daarnaar te luisteren en te tonen, in werkelijkheid in onszelf opgesloten houden. We zouden eens goed moeten kijken naar hoe we ons gedragen als we alleen zijn en niemand naar ons kijkt. Hoe de meest simpele gebaren anders worden als we de controle loslaten. Hoe eten we, hoe bewegen we, hoe lopen we, als er niemand naar ons kijkt? We kunnen ook eens letten op de kwaliteit van onze gedachten, en die vergelijken met het "wezen" dat we laten zien als we met anderen samen zijn. Hoe verschillend is dat? De behoefte om door anderen aardig gevonden te worden is sterker dan we denken. Misschien is dat, en niet onze wijsheid, wel de ware reden waarom we onze gevoelens verbergen. Wij leven volgens de regel van het "ontvangen". Daarom stemt datgene wat wij geven, overeen met wat wij willen of hopen te ontvangen. Maar in hoeverre vinden we onszelf aardig? Hoeveel eerlijke antwoorden zijn wij bereid onszelf te geven? In hoeverre zijn wij bereid om liefdevol en grootmoedig iets voor onszelf te doen? Om onze kwaliteiten te ontwikkelen? Er bestaat geen ideaal moment om hiermee te beginnen. Omdat het juiste moment precies het moment is, waarop we ons werkelijk bereid voelen om aan deze fantastische reis te beginnen. Een reis waarop we onszelf ontdekken. We hoeven niet te wachten op de juiste leeftijd, een betere plek, een meer geëigende situatie. Als we onszelf tegenkomen, kunnen we onszelf bij de hand nemen, en samen gaan. Met het gevoel dat alles wat we willen en alles wat we zijn hetzelfde is. En geleidelijk zullen we steeds meer gaan identificeren met het prachtige beeld van onze geest. Dan zal de wereld er anders uitzien. We zullen ons minder zorgen maken over hoe we over komen, omdat we ons bewust zijn van onze kwaliteiten. En de anderen zullen ons in een ander licht zien. Misschien zullen de regels waar we naar leven steeds meer veranderen. En wij zullen het veel vertrouwenwekkender en fijner vinden onszelf te zijn."

-49-
ERDBEER

"De stem van de rivier roept me.
Mijn hart, dat van een vagebond en ontdekker,
vraagt nu om vertrouwen en rust."

BETEKENIS: De woordelijke betekenis van Erdbeer is *'Aardbei'*.
Dit plantje is bekend om zijn lekkere vruchten. Die zijn klein, rood en hartvormig, en verspreiden een welriekende, delicate geur. Het groeit in het wild in bossen, onder kleine struiken, waar het zich discreet verstopt. Maar oplettende ogen merken toch hun fijne lichtende rode puntjes op, die hier en daar naar buiten komen kijken.

HERKOMST: Zijn aanwezigheid op de aarde gaat terug tot lang vergeten tijden, waar de mens geen herinnering aan heeft. Maar wel is het zeker, dat hij ontstaan is uit een gedachte van liefde.

BOODSCHAP: "Het is mijn taak jouw hart met tederheid te vervullen, elke keer, dat je blik wegglijdt in de verte, zonder dat die ook maar één moment blijft rusten op degene die naast je staat, elke keer als je hand bij de geringste neiging gejaagd reageert.
Toegenegenheid is een delicaat gevoel, dat een fijngevoelige ziel bespeurt, als zij de stroom van het leven ervaart in de dingen om zich heen. Het is de voorwaarde voor een belangeloze liefde en voor mededogen. Zo'n fijngevoelige ziel voelt de impuls om te geven, omdat ze het leven en de liefde zelf in zich voelt stromen, dat kan ze niet tegenhouden. Het is als een rivier, die zijn loop niet tot staan kan brengen, die uit hetzelfde water bestaat als dat wat bij de monding op hem wacht. Daarom ben ik hier, opdat je dat lieflijke gevoel - onontbeerlijk als je je meeste innerlijke krachten wilt activeren - kunt leren kennen en zelf ervaren.
Het is de liefde, die de God van alle dingen in alle schepselen heeft gelegd. Zie eens hoe dat tot uitdrukking komt in de teerheid van een bloem die net is opengebloeid. En neem dit beeld als symbool voor wat je ziel zojuist geleerd heeft."

AANBEVELING: "De liefde wil zonder gejaagdheid beleefd worden. Haar waarde en haar kracht kunnen niet op waarde worden geschat in de heftigheid van de hartstocht. Je moet je liefde veeleer de kans geven door je wilskracht, je intuïtie en door echte overgave aan de geliefde persoon. En vooral moet je je liefde laten groeien door eerlijke bezinning en aandacht voor je gevoelens. Het is vooral deze houding, die je de waarde

kan leren van een liefde, die je waarschijnlijk nog niet kent.
En alles wat je in de liefde wint, is nog maar een voorspel van de oneindige liefde. Hoe meer je dit in je voelt groeien, hoe meer je de onmetelijkheid, de schoonheid en de macht ervan zult ontdekken. En je zult merken, dat je die liefde voor jezelf houden. Dan zullen tederheid, vriendelijkheid en zachtheid in je opbloeien. En je zult de macht ervan ervaren, maar ook het wonder. Die wonderbare alchemie, waardoor jij, en door jou ook de geliefde persoon getransformeerd kunnen worden."

-50-
LUST

"Geef me je hand, en laat ons samen dansen.
Als kinderen, zonder zorgen
lachen we en dansen
en lachen opnieuw.
Het is de dans van het leven, dat feest wil vieren."

BETEKENIS: De woordelijke betekenis van Lust is *'Hartstocht'*. Hartstocht is een onweerstaanbaar verlangen, een overrompelende en heel intense prikkeling. Het is als de frisse, prikkelende, energiegevende lucht van de vroege morgen of de vroege avond. Die maakt je denken helder, en geeft je de impuls om fijne, aangename dingen te doen.

HERKOMST: Hij leeft in het kreupelhout aan de rand van de bossen, waar de bomen wat verder uit elkaar staan. Hij houdt ervan om te dansen bij het schijnsel van een vuur of bij maanlicht. Hij houdt eigenlijk van alles wat hem in een blije en feestelijke stemming brengt. Niet zelden treft men in het bos kringen aan van wat donkerder gras, een teken dat hier nog pas geleden gedanst is. Lust behoort tot de grote familie van uitbundige, grappige kobolden, die onvermoeibaar overal heen rennen, om bonte kleuren te schilderen over alle grauwe tinten heen, die je veel te vaak overal ziet.

BOODSCHAP: "Ik wil je iets heel bijzonders zeggen. Soms heb ik een grapje gebruikt, om te zorgen dat je me opmerkte. Dat was als je weer zo ver weg was in jouw wereld van strikte regels, die zo logisch is en zo redelijk. Waar je je ideeën bewaart en opbergt in perfecte, onberispelijke en strikte orde. Het lijkt wel een stoffige bibliotheek, waarvan je de ingang uit angst voor indringers zeer streng bewaakt. Altijd bang dat iemand of iets je keurig opgeruimde boekenplanken tot wanorde brengt. Toch heeft dat wat jij onredelijk, onlogisch en zinloos noemt, soms het nuttige effect dat je gezichtshoek zich verbreedt, en de muren van de strenge "redelijkheid" worden doorbroken. Die houden de kleuren vaak zo ver van je verwijderd, dat je ze nauwelijks nog kon opmerken. Het is soms helemaal niet slecht eens een gril te volgen, een dwaas en impulsief een van duizende kleine dingen te doen die het zout in in de pap van het leven zijn, en die je dan eens kunt proeven. Heb je wel eens in de stromende regen gedanst, of een bloem gekocht om die aan de eerste de beste voorbijganger te geven? Ben je ooit, zonder je te verontschuldigen, uit je kantoor weggevlucht, omdat je jezelf een bijzondere dag gunde? Heb je ooit in twijfel gestaan of dat kleine lichtje in de verte, dat schitterde aan de nachtelijke hemel een ster was? De herkenning begint te dagen als het bewustzijn zich zonder angst openstelt voor het nieuwe dat komt, dat zo licht is, dat heen en weer springt, en een puntmus op zijn hoofd heeft."

AANBEVELING: "Sommige mensen zijn buitengewoon star in de verdediging van hun ideeën. Zij zullen nooit toegeven, dat er iets anders, of zelfs iets heel ongewoons en onverklaarbaars het dichte gordijn van regels binnendringt, dat zij om hun leven hebben gehangen. Vermomd in hun uitrustingen, verdedigen zij met alle macht hun overmacht, maar achter dat masker verbergen zij vaak voorzichtigheid, onzekerheid, gebrek aan vertrouwen, pessimisme en wantrouwen. Dit zijn zij zich echter vaak niet bewust. Zij gedragen zich als de vos in de fabel met de druiven: zij vinden een verontschuldiging, en gebruiken dat als dekmantel voor hun weerstand tegen een sprong in het onbekende. En toch, als we onze verdedigende houding een beetje laten varen, dan merken we meteen dat het eenvoudiger is dan we dachten. Dat degene van wie we dachten dat het een vijand was, in werkelijkheid ons de kans biedt tot ontwikkeling en innerlijke rijkdom, als we hem de toegang maar niet weigeren. Kluizenaartje spelen van het verstand houdt de ziel van de wereld buitengesloten. Het leven kent geen grijze doffe kleuren. Het ziet onbeweeglijkheid en het monotone, en grijpt duizend hulpmiddelen aan om ons voor te stellen, ons wat te ontspannen en op vakantie te gaan. Tenminste net zo lang, tot het leven ons iets echt belangrijks kan laten zien en ons kan bevrijden uit de eentonigheid van gewoontes. Net zoals je een stoffige kamer verlaat om even frisse lucht te happen. En uiteindelijk merken we, dat ook de pijn in de rug minder is geworden sinds we ons meer laten gaan, en gemakkelijker geworden zijn."

-51-
HICCUP

"Wat is de weg?
Herinner je je hoeveel antwoorden
je verstand daarop wist te vinden?
Daarom heb ik je gevraagd:
"Wat is de weg?"
En je hebt me wenend geantwoord:
"Ik weet het niet."
Maar je ogen straalden al van vreugde,
want op dat moment was je je hart binnengegaan.
Juist op dat ogenblik
heb je het gevoeld, gezien, bereikt en begrepen,
en je bent aan je weg begonnen."

BETEKENIS: De woordelijke betekenis van Hiccup is '*De hik*'.
In overdrachtelijke zin betekent Hiccup sprongsgewijs vooruitgaan, met vele onderbrekingen en veel moeite. Dit is een kenmerk van de wisselvallige karakterhouding van sommige mensen. Hiccup is echter ook geween dat opstijgt uit het hart en dat smart oplost, of de vreugde vrijlaat van onuitgedrukte en lang verborgen gehouden gevoelens.

HERKOMST: Hiccup is een beschermgeest die de roep beantwoord heeft van oude hoge woudreuzen, en zo met zijn lichtbroertjes op de aarde is gekomen. Als je een bos in gaat heb je vaak het gevoel gadegeslagen te worden. Het bericht van je komst heeft zich snel met een geheimzinnig zoemen tot aan de rand verspreid.
Aan de rand van de weiden, daar waar het bos begint, zijn deuren die, onzichtbaar voor onoplettende ogen, handig achter de bosjes zijn verstopt. Deze toegangsdeuren rondom het bos worden bewaakt door beschermgeesten die de bomen de aankomst van vreemden melden.
In feite zijn de bomen vaak diep in gedachten verzonken, of zijn ze bezig de door de wind aangedragen boodschappen op te vangen. Zo gebeurt het soms dat ze gestoord worden door onbedachtzame schreden, die het bos doorkruisen.

BOODSCHAP: "De mensen letten maar al te vaak niet op de dingen om hen heen. Hun onverschilligheid maakt dat ze hun eerbied en gevoel van respect verliezen.
Maar de liefde leert ons ware eerbied. Zij maakt dat we het gevoel ontdekken, dat ieder levend wezen belangrijk en nodig is.
Respect is het noodzakelijke gevolg van de liefde. Het doet ons oog hebben voor de behoeften van anderen, hun aanwezigheid op prijs stellen en het maakt dat we kunnen waarnemen. Het maakt dat we de inspanning die anderen zich op hun weg getroosten opmerken en waarderen, en dat we een gebaar van liefde naar ons kunnen accepteren. Het maakt dat we tussen de regels door kunnen lezen, en achter de onuitgesproken woorden een dialoog van liefde kunnen horen.
De liefde is het enige vuur, dat de wereld niet verbrandt."

AANBEVELING: Respect voor anderen is in wezen respect voor hun vrijheid. Waarschijnlijk is het overbodig te zeggen dat vrijheid niet betekent dat je het recht hebt alles te doen wat in je hoofd opkomt. Het ware respect is de vrijheid van de geest, en niet die, het respect dat alleen het gevolg is van een formele hoffelijke houding.

Het ware recht op vrijheid is dat van het bestaan. En dat recht moeten we iedereen en ook onszelf gunnen.

Als we in onszelf het buitengewone belang van deze vrijheid hebben ontdekt, zullen we alles met andere ogen bekijken, bewust van een waarheid, die helaas nog maar door weinigen wordt erkend.

En deze vrijheid heeft niets te maken met allerlei soorten idealen, want in de oneindige vrijheid bestaat er geen utopie.

Alle woorden worden overbodig als men probeert een waarheid te verklaren. Want elke waarheid, die onze geest in een ogenblik van inzicht gewaar wordt, moet op individueel niveau worden beleefd, persoonlijk en op het juiste moment. Je zou misschien kunnen zeggen, dat iedere ziel deze waarheid kent, en dat ze alleen maar hoeft te besluiten het fijn te vinden om die te veroveren."

-52-
COBBLER

"Ik heb lang gezworven om jou te zoeken.
Ik liep langs eindeloze wegen
in de hoop je te zien.
Maar iedere keer was je verder weg
en iedere keer brak een draad,
die mijn hart aan het jouwe gebonden hield.
Totdat plotseling de tranen
de sluier voor mijn ogen wegspoelden
en ik begreep dat je in de buurt was,
dat je altijd binnen in me bent geweest,
me het meest nabij en het meest geliefd.
Maar ik zocht je in de verte."

BETEKENIS: De woordelijke betekenis van Cobbler is *'Schoenlapper'*. Zijn naam komt waarschijnlijk van een oud verhaal over een bosgeest, die zijn huisje, in een klein tuintje achter de winkel van een schoenlapper bouwde. Deze schoenlapper zwoer, dat hij van hem hele nuttige dingen geleerd heeft over het leven van planten. En in ruil voor deze geheimen van zijn kleine vriend heeft hij een wondermooi paar schoenen voor zijn kleine voetjes gemaakt.

HERKOMST: onbekend.

BOODSCHAP: "Mijn taak is het om de mensen begrip te brengen voor relaties, waarin de energie wederkerig in evenwicht wordt gebracht. Zoals in een tuin, als de liefde en intuïtie van degene die hem verzorgt, in de vorm van voedsel naar hem terugkomt. De liefde is de hoofdbron van elke energie in het universum.
Zon, water, aarde en lucht brengen in de planten dat alchemistische transformatieproces teweeg waardoor zij groeien. De liefde ademt hen de fijnstoffelijke kracht in, die ze zo wondermooi maakt en die uiteindelijk de energie van de mensen kan veranderen.
Daarom is het dus belangrijk dat jij dezelfde liefde in je draagt. Alleen zo kan de transformatie heerlijke vruchten dragen.
Het voedsel voedt in werkelijkheid niet alleen je fysieke lichaam. Want de elementen die het bevat, zijn dezelfde als die waaruit, zij het in steeds verfijndere vibraties, alles in het universum is samengesteld.
Dus wat je eet is in feite water, vuur, aarde, lucht en liefde, en die zit misschien in een mooie slakrop of in een rode geurige appel. Wees dankbaar voor alles wat je op tafel zet, en zegen de spijzen die zich voor je geofferd hebben. En vergeet niet dat de liefde het belangrijkste ingrediënt is in alles wat jou voedt.

AANBEVELING: "Als moeheid zwaar op je neervalt, de frisheid en begeestering van je wegneemt, zodat alle energie uit je lichaam wegstroomt, en je lichaam stijf en langzaam wordt, vraag jezelf dan af, of je wel het juiste voedsel tot je genomen hebt. Je hebt misschien je honger gestild met voedsel, maar dat is niet genoeg.

De energie die in het voedsel zit is als die van een batterij, die een motor aandrijft. Maar als die energie jouw "motor" draaiende wil houden, en actief en opgeladen, moet je je bewust zijn van wat je eet. En wat er in het voedsel zit. Anders is het alsof je een gloeilamp wilt laten branden met teveel of te weinig volt.

Maar natuurlijk is voedsel voor het lichaam niet genoeg om je je vreugde en levenslust terug te geven. Je verloren enthousiasme heeft bijzondere voeding nodig, die je geest kan voeden met goddelijke energie, want daarvan ben je afgesneden vanaf het moment dat je de kanalen hebt afgesloten waar zij doorheen loopt. Het zijn de fijnstoffelijke kanalen, die je verstand en je gevoel voeden met de spijzen van vertrouwen in de liefde en de wijsheid van je goddelijke vader."

-53-
VOGELFREI

"Smaragden druppels glinsteren
als sporen van ondoordringbare
betoverde paden.
Je ogen dringen door wouden van lichtende regenbogen.
Een toverachtig gefluister onthult je
de geheimen van de wereld,
als de veren van sneeuwwitte onzichtbare vleugels,
die langs de hemel zweven,
om het hart te bereiken."

BETEKENIS: De woordelijke betekenis van Vogelfrei is '*Vogelvrij*'.
Een mens met een opstandig karakter, accepteert niet gemakkelijk regels en opdrachten. Hij maakt zich daar meestal van af, of hij knijpt er tussen uit, als hij geen andere uitweg ziet, of als de situatie te bedreigend voor zijn vrijheid wordt. Maar een opstandig karakter kan ook verband houden met een briljant verstand dat, op zoek naar de waarheid, een wil ontwikkelt die nauwelijks te beïnvloeden is.

HERKOMST: De legenden vertellen, dat zijn stem tsjilpt als de stem van een vogel, en dat zijn ogen als druppels zijn in de nacht, die in de maanzee vallen. Zijn bevalligheid is als vleugels van een vlinder. En zijn schreden zijn als gouden bloemblaadjes, die dansen in het zachte briesje van de zomeravond. Het is alsof hij op aarde is geboren uit de glinsterende dauwdruppels van een heldere morgen.

BOODSCHAP: "Met lichte tred, rondcirkelend als een vogel, bezing ik in de glans van een nieuwe morgen zijn heerlijkheid. Ik dans en ik vier het leven altijd weer met nieuwe verwondering.
Als een vrije gelukkige vogel betrekt mijn dans alles bij zijn levensritme, tot aan het kleinste schepsel. In al het geschapene vernieuwt het leven zich in zijn heiligheid en in de schoonheid van zijn voortdurende transformatie. Geen regendag is gelijk aan de andere. Er is geen ochtendschemering, geen zonsondergang, met dezelfde tekeningen aan de hemel. Geen roos, waar nog een precies dezelfde kopie van bestaat, geen water van een rivier, dat altijd hetzelfde is.
Een blik, een wolk aan de hemel, een handdruk, een gedachte, het fluisteren van de wind. Alles is onherhaalbaar en uniek. De ontwakende ziel weet de verschillende nuances te herkennen, en hervindt de verwondering. Dat teruggevonden mooie gevoel, dat ieder ding en elk vergankelijk moment heilig maakt.
En je hart, in verwarring gebracht, stroomt over. Het leven vieren betekent God prijzen. Dans daarom met mij in de vreugde van iedere nieuwe morgen. En ga dan met lichte schreden de dag in."

AANBEVELING: "Na een heldere nacht verrassen de eerste zonnestralen het bos, in een betoverend moment van zijn leven.
Schitterend als diamanten bieden de dauwdruppels de opmerkzame en fijngevoelige toeschouwer een prachtig schouwspel. Ieder blad, elke bloem, elke draad van een spinnenweb glinstert door duizenden heldere druppeltjes. Als even zovele kristallen prisma's breken die de zonnestralen in ontelbare overal trillende kleuren van licht. Dat is allemaal magie. De betovering van het leven is er op ieder moment. Een volmaakte alchemie van liefde en schoonheid.
En hoe lang loop je al achter je leven aan, alsof je ver weg zou moeten vluchten en alles achter je zou moeten laten?
Je gejaagdheid laat je geen tijd om om je heen te kijken. In de rustpauzen die je noodgedwongen inlast, zie je waarschijnlijk alleen maar een grijs, monotoon verstrijken van vervelende uren, die altijd hetzelfde zijn. Sinds wanneer kun je geen bewondering meer voelen voor iets moois? Beter gezegd: sinds wanneer merk je niet meer, dat er iets moois te bewonderen is? Houd een ogenblik stil, een momentje maar. Geen goud van de wereld kan opwegen tegen het kostbare bezit van een moment, waarop je ziel zich door de heerlijkheid laat overweldigen, die haar op dit moment wordt onthuld."

-54-
ZETTELANKLEBER

"Niets herhaalt zich.
Dat wat je gisteren achterliet
heeft een draadje aan je toekomst gebonden.
Pak dit draadje op,
dat zich in spiralen in de toekomst vlecht.
En leef in de volheid die jou draagt.
Wat je ziet als het onvermijdelijke en meedogenloze
van de tijd
is een trap,
die begint bij de eerste tree,
hier vlak voor je voeten."

BETEKENIS: De woordelijke betekenis van Zettelankleber is *'Plakker'*. Zettelankleber is de man van de bekendmakingen. Hij plakt geduldig reclameposters op muren. En hangt de hele stad vol met kleurige, knap gemaakte afbeeldingen en mededelingen, waarvan de inhoud, zonder dat we het willen, doordringt tot ons onderbewuste. En zo bereiken die boodschappen, die ons tegen onze wil in de greep hebben, gemakkelijk hun doel. En wij vullen vrolijk en vastberaden onze tassen met dingen, die bijna altijd overbodig zijn.

HERKOMST: Wie het geluk heeft zijn stem te horen, zal zweren dat deze kobold een sterk iers accent heeft. Ook al woont hij in de welige bossen van Midden Europa. Maar er wordt veel gepraat zoals je weet. Zijn herkomst is nog steeds een onderwerp van studie en discussie.

BOODSCHAP: "Vaak wordt de herfst gezien als het begin van de rijpere leeftijd van de mens. En als melancholiek voorspel van de winter, als ieder spoor van leven zichzelf vergeet, en in ijs gehuld inslaapt. Maar de winter staat niet voor een ballingschap van het hart. Het is eerder een periode van rust, waarin je kunt nadenken en alles kan verwerken wat er gebeurd en gedaan is. Zodat je uit je ervaringen leert, en zodat je bereid bent, als de lente terugkeert, machtig en met nieuwe kansen. Wees niet bezorgd in de herfst van het hart, en verwelkom de winter met blije vreugde. Onbezorgdheid is het vermogen het hart licht te maken. Geen ijs, wind of storm kan lang genoeg duren, om de ziel te bevriezen, of te laten uitdrogen zoals in de woestijn. Onbezorgdheid is als een zonnestraal."

AANBEVELING: "Heb je misschien net een rimpeltje ontdekt in je gezicht? Wat een schrik jagen de de eerste tekenen van ouderdom, en het feit dat je leeftijd niet stil kunt zetten, ons aan! Hoeveel melancholie spreekt er uit je gezicht, als je terugdenkt aan een herinnering, een geur, een stukje muziek. Een magisch moment, waarin het visioen terugkomt van een jeugd, waarin je niets anders kende dan de verrukkelijke vreugde van je schoonheid, in volkomen overeenstemming met het feest van het leven, dat duizend beloften voor je in petto had. In dat jaargetijde was je een knop aan een tak, in de lente, opzwellend en gespannen, bereid met alle kracht open te springen, om je aan de zon te laten zien. En toch buigt de tak, die jou nog altijd draagt, onder een nieuwe kracht. Je bent nu datgene, waar die knop de trotse voorbode van was: de heerlijke vrucht, waarin alle beloften van de knop liggen opgesloten. Proef dat uitgelezen zoete, wat je in je hebt, de geur die als een zachte streling om je heen hangt. Het zaad van de toekomst is in jou tot rijpheid gekomen. Wat het nodig heeft is jouw acceptatie en jouw wijsheid, om de cyclus te kunnen vervolgen, en met een nieuw bewustzijn een volgende lente te ontmoeten."

-55-
WIT

"Er zal een dag komen dat er geen tranen zijn
bij het ontwaken in het leven van dit aardse avontuur,
maar een fris, bruisend, aanstekelijk lachen.
Dat brengt de ziel mee."

BETEKENIS: De woordelijke betekenis van Wit is *'Intelligent, enthousiast geestig iemand'*.
Een scherpe intelligentie gaat gewoonlijk samen met geestigheid en een fijnzinnig gevoel voor humor. Toch is humor niet altijd te onderscheiden van de lacherige, soms ongepaste grap, die vaak flauw en oppervlakkig is.

HERKOMST: Wit is een nomadische kobold. Ofschoon zijn uiterlijk eerder doet denken aan het "kleine volk" van de wouden, geeft hij de voorkeur aan de kusten van zuidwest Europa, met hun diepe inhammen en eenzame stranden. Hij wandelt graag langs die stranden, en verbergt zich soms voor nieuwsgierige blikken tussen de klippen. Hij verblijft vaak even in de kleine grotten, die de zee bij eb achterlaat, om van daar uit naar de horizon te kijken, en te luisteren naar de verhalen van de golven, die van verre kusten en eilanden komen. Vandaar heeft hij ontelbare fantastische verhalen en anekdotes geleerd, en die geeft hij graag door. Hij geeft die verhalen kleur, doordat hij de vaardigheid van vertellen van een zanger heeft. Met zijn zachte, vleiende stem, met een licht frans accent, dat zijn afkomst verraadt. En soms dringen die verhalen door tot de gedachten van mensen met een dichterlijk, avontuurlijk gemoed. En zij komen door hem plotseling tot inspiratie.

BOODSCHAP: "Ook al hebben ze een heel scherp zicht, toch kunnen de mensen vaak niet in die verborgen regionen kijken, waar van oudsher hun kindergeest zorgeloos aan het spelen is. Ook een adelaarsoog laat je niet scherper het leven zien, tenminste aan de buitenkant. Je hebt geen goede ogen nodig om het innerlijke visioen te wekken. Wat je wel nodig hebt is de bereidheid lief te hebben, en goede zin, beide helpen om het leven van zijn beste kant te zien. Gevoel voor humor is een geschenk uit de hemel. Je hebt het gekregen om het gewicht van je gedachten lichter te maken. Humor ontspant je gelaatstrekken, die verkrampt zijn bij je poging om waarheden te verstaan, die in feite heel eenvoudig zijn. Humor helpt je om helderheid en bezieling te vinden in ervaringen, waar je soms wat te zwaar aan tilt. Je ernstige houding maakt het je heus niet gemakkelijker om je ervaringen te verdiepen. Je maakt je vaak zo veel zorgen om alle mogelijke dingen in de toekomst, en dan trek je je op een gegeven moment moe en gekwetst terug van het spel, van regels die je zelf hebt opgesteld. Leer om naar je geest te luisteren, naar hoe die in plaats daarvan in de vreugde leeft. Jij bent het die bepaalt vanuit welk gezichtspunt je het leven beschouwt. Of je op een heldere dag op een klip blijft zitten hopen, waar zich in de verte een kustlijn aftekent die je vroeg of laat zult bereiken, of dat je letterlijk "van wal steekt", de zee in, en vastbesloten op dit droomeiland aan zult sturen. Met de bereidheid om wat er op deze reis ook zal gebeuren, meer en meer vanuit de juiste geest te bekijken. Met de bereidheid ook dingen af en toe over te laten aan het vrolijke kind in je, dat van grappen houdt."

AANBEVELING: "Humor is een goddelijk geschenk, een heerlijke hemelse eigenschap, die lacht om de bizarre wolken. In wezen veranderen de wolken niet. Dat is de reden waarom de hemel lacht, en het zich in hun tegenwoordigheid goed laat welgevallen. Je ziel kent die waarheid. Elke ervaring kan een bron van verrijking worden, indien ze op de juiste manier wordt beoordeeld. Als je bereid bent je ervaringen niet te bekritiseren, geef je je geest de ruimte fris en spontaan in de dingen door te dringen. Denk je niet dat het leven dan een prachtig avontuur wordt? Je gevoel voor humor wordt dan een frisse waterval, veroorzaakt door de rivier, om nieuwe kracht op te doen voor zijn reis naar de zee."

EEN BIJZONDERE ONTMOETING

~✿~

Zoek een stil plekje op, waar je enkele ogenblikken rustig kunt verblijven. Ontspan je ademhaling, laat haar diep en ritmisch worden als de golven van de zee. Laat alle gedachten los, als de kleine witte wolken die door de blauwe hemel gaan, en de een na de ander oplossen. Zo ga je zachtjes over de drempel van het verstand heen. Voor je ligt een helder landschap. Groene heuvels gaan aan de horizon over in de golven van de zee. Die lijk je in de verte te horen. Een licht briesje nodigt je uit om over het koele gras te lopen, dat zich licht buigt onder je voeten. Ga onbezorgd dit landschap binnen, en volg het spoor van de paadjes, die je naar de bosrand voeren. Blijf een ogenblik staan voordat je het bos binnengaat. Kijk hoe het briesje nu met de boomtoppen speelt, en ruimte maakt voor de zonnestralen. Verder het bos in, opgenomen in de groene glans van het bos, zit iemand tussen de wortels van een grote boom. Het lijkt of hij je verwacht. Zijn vingers spelen met de zonnestralen. Het lijken net witte paarden, die in afwachting van hun heldhaftige ruiter met de hoeven over de grond schrapen. Het is je innerlijke kind. Een bijzonder wezen, dat je glimlachend in de ogen kijkt. Stel je voor dat je het kunt ontmoeten op die wonderlijke magische plek in je fantasie, die je ergens in een hoekje van je verleden hebt achtergelaten. Stel je voor dat je naast je innerlijke kind gaat zitten, en je vraagt wat het in al die jaren van vergeten zijn heeft gedaan. Nu kan niemand jullie meer scheiden. Neem het bij de hand, en terwijl je met hem meegaat om het je leven te laten zien, leer je om naar hem te luisteren als het iets te zeggen heeft. Je kunt met hem lachen, en het nieuwe heerlijke spel van het leven leren. Wees niet bang om je leven met groot enthousiasme te leven, en je hart van vreugde te laten overstromen. Je bent nooit alleen, dat ben je nooit geweest, ook al dacht je dat soms. Iedere keer als het nodig is, kom je "iemand" tegen, die bereid is je een hand te reiken, en je op je weg te begeleiden. Je hoeft er maar om te vragen. Voel je vrij emoties te ervaren, de harmonie van de wereld te voelen, en de uitdagingen van het levenspel aan te nemen. Voel je vrij je fouten te zien als leermeesters, waarvan je leren kunt, je hoeft je niet verslagen te voelen of te berusten. Wees vrij in de vreugde van het zijn. De fantasie is het vervoermiddel waarop denken en voelen samen reizen, verenigd in de scheppingskracht. Deze kracht, die het hart verbindt met het verstand, kan de motor worden voor al je stappen. Het is een heilige kracht, omdat het een daad van liefde zal zijn.

Ik wens je toe, dat je de drempel van je verstand met behulp van je fantasie kunt overschrijden, en binnen kunt gaan in het hart van de aarde, en in het schuim van de wolken aan de hemel. En dat je de wereld van de innerlijke zuiverheid zult terugvinden. Daarin is niets wat kunstmatig is. Daar is alles magie.

Het spel bij het boek
55 kaarten

ISBN 9073140730